张口必赢

让对方只能说YES

ZHANG
KOU
BI
YING

姚 斌/编著

说话的艺术
系列

海天出版社（中国·深圳）

图书在版编目（CIP）数据

张口必赢：让对方只能说YES / 姚斌编著. — 深圳：
海天出版社，2017.4
　（说话的艺术系列）
　ISBN 978-7-5507-1835-7

　Ⅰ. ①张… Ⅱ. ①姚… Ⅲ. ①口才学－通俗读物
Ⅳ. ①H019-49

中国版本图书馆CIP数据核字(2016)第289648号

张口必赢：让对方只能说YES
ZHANGKOU BIYING：RANG DUIFANG ZHINENG SHUO YES

出 品 人　聂雄前
责任编辑　许全军　南　芳
责任校对　方　琅
责任技编　梁立新
装帧设计　知行格致

出版发行　海天出版社
地　　址　深圳市彩田南路海天综合大厦（518033）
网　　址　www.htph.com.cn
订购电话　0755-83460397（批发）　83460239（邮购）
设计制作　深圳市知行格致文化传播有限公司　Tel：0755-83464427
印　　刷　深圳市希望印务有限公司
开　　本　787mm×1092mm　1/16
印　　张　17
字　　数　220千
版　　次　2017年4月第1版
印　　次　2017年4月第1次
印　　数　1—4000册
定　　价　39.80元

把话说到位，轻松赢天下

一个人，无论你天性多么聪颖，接受过多么高深的教育，穿着多么华丽的衣服，拥有多么雄厚的资产，如果你无法流畅、恰当地表达自己的思想，那么你仍然无法真正实现自我的价值。

言谈的力量是巨大的，它能征服世界上最复杂的东西——人的心灵。通过好的口才，陌生人可以变成知己，长期形成的隔阂可以自动消失；借助好的口才，甚至可以叱咤风云，一句话抵得上千军万马，可以翻江倒海，完成一些看似不可能完成的任务。

中国有句老话"一言以兴邦，一言以灭国"，这是我国古人对能言善辩的人给予的最高赞誉。无独有偶，二战时，美国人将"口才、金钱、原子弹"称为赖以生存和竞争的三大战略武器。现在，又把"口才、金钱和电脑"同样作为三大战略武器。而口才依然独冠三大武器之首，足见其价值非同小可。

毛遂自荐，救赵于危；晏子使楚，不辱使命；墨翟陈辞，止楚攻宋；苏秦救国游说，不辱使命；诸葛亮力排众议，舌战群儒……这一切都要通过口才表现出来。口才，在无形之中改变人一生的命运，是精彩人生的点睛之笔。

因此，我们不得不承认：口才是生存在这个社会上的一把利器，谁拥有了它，谁就能掌握命运。古往今来，那些功成名就者，大都是口才出众，说话受人欢迎，能把话说到别人心里的人。

每个人，从求职到升迁，从恋爱到婚姻，从推销到谈判，从交际到办事，无不需要使用到这种说话的能力。话说好了，小则可以讨喜，大则可以保身；而话说得不好，小则树敌，大则事业失败。也难怪有人将口才列为现代人必备的生存资本。

说话是一种技巧，更是一门艺术。在日常交往中，是和风细雨、微言大义，还是机智灵活、要言不烦，更或者是察言观色、实现双赢……巧妙的说话技巧，可以让你一句话说得人帮，一句话说得人服。

在我们的日常生活中，口才的艺术和魅力无时无刻不存在。比如你对邻居说："我家有一盆花，你帮我修剪一下吧？"对方如果不是热心人的话，一定会让你滚到一边去："哼，要我给你卖体力，你算老几啊？"但如果你换一种说法："我发现你家的花修剪得特别漂亮，你在这方面造诣很高哎！我家有一盆花，你能不能教教我，怎么剪才漂亮？"对方一定就会高高兴兴地帮你剪了。同样一件事情，说话的方法不同，导致的结果就截然不同，这就是说话的艺术。

所以说，想要把话说到位，就要从现在开始学习口才。本书摒弃那些复杂的道理、死板的说教，摆事实、讲道理，用事实说话。书中使用大量实用案例，从生活中会遇到的各个方面入手，综合各种场合，面对不同人、不同事的说话技巧，明确地告诉你"话得这样说"。

当然，说话的艺术是一门很深的学问，需要我们在生活中、工作中不断地去积累经验，去完善自己、提高自己，希望本书能够为您指明方向，给您带来一定的帮助。

作者于中华演讲协会
2016 年 12 月

第 **4** 章

学会恰到好处地赞美与批评 / 75

下辑　张口必赢的实战篇

第 **5** 章

巧妙应对面试，轻松走进职场 / 99

第 **6** 章

会说话才能左右逢源同事间 / 125

第 **7** 章

找对领导说对话 / 155

第 **8** 章

激励下属有话说 / 181

第9章

谈判桌上显身手，三寸能敌百万师 / 207

第10章

卓越的演讲口才，让你脱颖而出 / 237

上辑 张口必赢

的基础篇

第**1**章

张 口 必 赢

从现在开始练出一副好口才

　　口才在社会中的地位和作用越来越突出，已成为决定一个人事业成败与生活优劣的重要因素。

　　特别是对于初入社会的年轻人，无论在生活中还是在职场中，一副好的口才可以决定你的未来。但口才并不是一种天赋的才能，它是靠后天刻苦训练得来的。不要把口才当成一门高深的学问，而要把它当作人生竞技场上的110米跨栏，你要勇敢地跨越一个又一个障碍，才能拥有一副好的口才。

口才是奠定成功的基石

众所周知，口才是一个人通向成功的独特资本。如果说成功是金字塔的塔尖，那么口才则是其中必不可少的一块基石。因此，有人说，成功者应当是一个出色的口才专家，无时无刻不在展现着自己口才的魅力。

那么到底什么是口才？具体地说，口才就是在各种口语交谈的实践活动中，表达主体运用准确、得体、恰当、有力、生动、巧妙、有效的口语表达策略，达到特定的交际目的，取得圆满交际效果的口语表达艺术和技巧。但是，在生活中，有些人却误解了口才的内涵，他们或许会将巧舌如簧、耍嘴皮子，或将夸夸其谈、哗众取宠，或将强词夺理、无理诡辩与口才混淆在一起，片面认为口才只是口语表达的方式或方法。这就违背口才的真谛了。

口才也是一门语言技巧，和一个有口才的人交谈，总能给人一种如沐春风、如痴如醉的享受。事实上，一个具有卓越口才的人，往往同时也具有敏捷的思维、清晰的思路、渊博的知识、出众的智慧、机警的反应和高超的口语表达艺术，特别是具有良好的心理素质。这些也同样是口才作为一门艺术的集中反映。

回顾一下人类社会发展的历史，我们就会发现，口才在社会发展和人的自身发展中发挥的作用是不容置疑的。有句古话说得好："一人之辩，重于九鼎之宝；三寸之舌，强于百万之师。"在漫长的社会发展进程中，口才作为一门艺术，令天下学者、志士沉醉于其中。从而涌现了无数个著名的演说家，也留下了许多脍炙人口的千古佳话。在西方社会，好口才更是成为各国社会名人的一个重要特征。像马克思、列宁、林肯、丘吉尔、戴高乐等，以及我国的孙中山、毛泽东、周恩来、鲁迅、闻一多等都是当时非常杰出的演说家，留下了许多令后人反复传诵的时代佳作。

21世纪是一个伟大的世纪，机遇与挑战共存，困难与希望同在。在这个特殊的年代，拥有缜密的思维、机敏的应变和卓越的口才将助你在人生的道路上逢山开路、遇水搭桥。由此可见，好口才不仅体现了个人的魅力，更是现代社会成功必不可少的一块奠基石。

初入职场时，每个人都是雄心勃勃，准备大展拳脚，展示自己的实力，但是，一项工作需要多人的合作、多个信息的综合才能完成，不是一个人就能做好的，我们需要团队的支持和配合，才能够做得很好。语言，就成为我们最方便、最直接的交流和传递信息的工具。语言能力强，信息便能顺利、准确地被对方接受和理解，从而达到沟通的目的。如果你的语言能力很弱，信息不能很好地被对方接收和理解，那么有可能在你面试的时候就已被拒之门外了，即便进入了职场你也会遇到种种阻碍，很难开启成功的那扇门。

ZHANG KOU BI YING

　　刚从大专院校毕业的张斌，身高165厘米，只有大专学历。可让人惊奇的是，每次面试，他都能够屡屡通过，没有受身高和学历的影响。同学问他面试成功的技巧，他笑笑说："答案在这，鼻子下面啊。"

　　某国际广告公司要招聘一位形象和口才兼备的男士顾问，张斌想试试，周围同学都劝他不要去，因为形象这关他就过不去。张斌不相信，最终还是去应聘了。在面试中，面试官问："看清我们的招聘要求了吗？形象好，身高173厘米以上。"张斌不慌不忙地说："看清了，而且是特清楚。但我相信贵公司重在'能力'上，个头矮，接触地面近，营养充分啊。"这充满睿智与幽默的话语，让面试官乐于与他继续其他的话题。

后来，张斌顺利进入了这家众人梦寐以求的大公司。

可见，借用口才上的技巧来推销自己，是一个人在社会上成功的关键。

美国有一项调查显示：人最怕的就是当众讲话。尤其是刚入职场的年轻人，虽然他们可能本身很有才华，但由于自身的某些原因，在口头表达上总是有所欠缺。

毕业于某著名高校的小陈，他凭借自身的博士学历轻松进入了一家央企，负责一个科研项目。这家企业的老总很看重小陈，有意想让他再晋升一级。一次，在公司的年终大会上做总结发言时，虽然小陈准备得很充分，但是上台后，由于过于紧张，导致说话结巴，使得自己的总结变得很失败，领导和同事都无法理解他到底想表达什么，大领导也只好摇摇头，于是小陈就这样丧失了一次宝贵的晋升机会。

如果仔细留意，我们不难发现，像小陈这样因为自己的不善言辞而丧失机会的例子很多。在经济发达、重视信息的社会中，人们往往会根据一个人的说话水平来判别其学识、修养和能力。

早在20世纪40年代，美国人就把"口才、金钱、原子弹"看成是世界上生存和发展的三大法宝，后来经过发展，电脑取代了原子弹，但是口才依然雄踞三大法宝之首，可以想象一下，它居然比原子弹和电脑都厉害，可想而知它的作用和价值。

"心实不能仕途，言拙难会经济。"可见，拥有一副好口才是多么的重要。

锻炼口才要趁早

卡耐基先生有句名言："一个人的成功，约有 15% 取决于知识和技能，85% 取决于沟通。"的确如此，一件事情的成败，在于人跟人的交谈沟通。这就是为什么有人可以站在巅峰指点江山，而有的人一生郁郁不得施展能力的原因，于是越来越多的人开始承认口才的力量。

也许你有过这样的经历：当被邀请在众人面前发言时，大脑竟然出现短路，表情慌乱、尴尬、木讷……其结果还不如不说；或者在公司某次重要会议上，别人侃侃而谈，而你却黏在座位上始终一言不发，犹如一尊雕塑，从而错失了加薪升职的好机会……当众讲话真的如此可怕吗？好口才是天生的吗？答案自然是否定的。没有人生下来就有一副好口才，这都是通过后天努力锻炼而成的，只要你愿意你也可以成为口才高手。

有人曾把讲话比喻成运动，就像体育运动一样，需要不停地锻炼，自己的说话能力和说话技巧才会有所提高。

一个好口才的人说出来的话大都能拨动人们的心弦。但是，好口才不是天生就有的，即便是那些令人钦佩的名嘴或者演说家，也不是在任何场合说话都能赢得满堂彩的。说话和其他的才能是一样的，都需要不断地学习、积累，不可能一口吃成胖子。口才好的人也是在一次又一次的交谈中、演讲中积累经验，观察别人，掌握技巧，不断地提升自己的能力。说话是为了让别人了解你的意思，借谈话来达到互信、互谅、互解，如果你认为对方无法了解你的意思，就不去和他交谈，那么就表示你并不了解说话的功能。

在职场上也是如此。有一个调查结果显示，业绩最优秀和最差的业务员，几乎都是个性内向者，而且大多是原本口才不佳的人。至于个性外向、能言善道的人，则大部分都业绩平平。这是因为，个性内向的人通常会深入探求事物的来龙去脉，并热衷于研究原因，当他们完成一件事后，必定会检讨得失，找出导致失败的主因。而且，他们会不断做新的尝试，寻找构成成功的因素；若成功了，便证明此为"成功的关键"，他们就是这样积累成功的经验。事实上，当你和一流的业务员交谈时，你将会发现，对方看来很文静或很斯文，话说得不多，但你却始终有种被吸引、被了解的感觉。

好的口才，不见得非要表现得口吐莲花，而是要在什么场合都能说出得体的话语。许多人在非正式的场合与朋友共聚一堂时，总能说些幽默、逗趣的话，大受欢迎。但这些人在参加一些正式会议时，却变得沉默寡言，凡事都以"是""不是""有可能"或"不知道"来作答。也就是说，他们无法在正式的场合说出得体的话。因为害怕被人取笑，在过于介意他人对自己的评价的心理压力下，使得他们无法轻松自在地表达自己的意见。

任何人在正式的场合难免都会怯场，许多著名演员，在第一次面对摄影机时，紧张得几乎忘了台词。名演员都是靠着平日严格的训练才能克服困难，从每次经验中累积自信。只要表现得从容、大方，谈吐自然就很得体，而如果能"不伤大雅地幽默一下"就更好了。

德摩斯梯尼是古希腊著名的演说家，但是他小时候却是一个天生口吃的孩子。可悲的不仅如此，德摩斯梯尼不仅天生口吃，而且嗓音微弱，还有耸肩的坏习惯，在常人看来，他似乎没有一点儿当演说家的天赋。为了提升自己的口才能力，德摩斯梯尼付出了艰辛的努力。

有一天，爸爸发现小德摩斯梯尼说话总是含含糊糊的，就问他："你说话怎么越来越不利索了？""爸爸，我在嘴里含了块石头，听说这样可以改变发音呢，我想成为演说家！"爸爸摇头苦笑："你呀！给我把话说清楚就行啦！"其实爸爸不知道，含着石头说话只是小德摩斯梯尼锻炼口才的方法之一。

为了去掉气短的毛病，他常常面对呼啸的海风，不停地吟诗；为了改掉耸肩的坏习惯，他在肩头上方悬挂两柄剑……德摩斯梯尼不仅在发音和形体上下了很大的功夫，而且还努力提高自己政治、文学等方面的修养。

功夫不负有心人，经过多年的磨炼，德摩斯梯尼终于成了一位出色的演说家。

这个小故事告诉我们，只要你愿意锻炼自己的口才，想成为一位演讲高手并非那么困难。

好的口才需要锻炼，也需要你去和他人交谈。我们在不断的交谈中获得经验，从锻炼中掌握说话的艺术，这是一个永无止境的学习过程。即使读遍所有的口才书，如果不寻找机会开口练习，依然不会有口才上的出色表现。所以说，好的口才需要趁早练习，不能自满，更不能固步自封。

尤其是年轻人，必须尽早去锻炼口才，因为好的口才能够让你快速、和谐地融入人际关系网，最终成就你的事业。

自信：让口吃变口才的魔法

伟大的作家高尔基讲过一个有趣的谜语：不是蜜，却可黏住一切。谜底是：语言。

仔细想来，哪一样事务可以离开语言表达呢？人的嘴无非是有两个作用：第一，吃饭；第二，说话。也许说话对人类来说太普通，太平常了。所以，人们对这个抓不住、摸不着、看不见的"怪物"有着美丽的想象。殊不知，口才是一笔财富，拥有着扭转人生的魔力。

要有坚定的信念

每个人都有说话胆怯的心理。就算成功的人，在面对众人说话时，也会有几分胆怯。俗话说："人活脸，树活皮。"所谓"活脸"，就是非常关注自我形象在别人心目中的样子，每个人都希望别人用赞许的眼光看待自己，由于害怕丢面子、被人议论，所以在一些公众场合或者一些交谈场合，人们心中就会涌出胆怯的心理，即使是那些名人也不能免俗。

成功的口才有一个不可缺少的条件，就是树立坚定的信念。一个有坚强意志的人，会从失败中获得成功，也容易通过自我修炼提升口才魅力。

在加拿大有一个小孩，说话口吃，而且因为疾病导致左脸局部麻痹，嘴角畸形，讲话时嘴巴总是歪向一边，还有一只耳朵失聪。

这个孩子为了矫正自己的口吃，提升自己的口才，他模仿古希腊著名的演说家德摩斯梯尼，嘴里含着小石子讲话。看着舌头被小石子磨烂了的儿子，母亲心疼地抱着他，流着眼泪说："不要练了，妈妈一辈子陪着你。"孩子拭去妈妈的眼泪说："妈妈，书上说每一只漂亮的蝴蝶，都是自己突破束缚它的茧之后，才变成一只美丽的蝴蝶。"孩子通过后天的不懈努力，终于可以流利地讲话了。

1993年，他凭借自身的优势参加加拿大总理大选。当时，对手居心巨测地利用电视广告夸张他的脸部缺陷，然后写上这样的广告语：要这样的人来当你的总理吗？但是这种极为不道德的带有人格侮辱的攻击招致大部分选民的愤怒和谴责。他用讲话时总是歪向一边的嘴巴郑重承诺："我要带领国家和人民成为一只美丽的蝴蝶。"以后这句竞选口号成为人们广为传诵的名言，同样也使他以高票当选为总理，并在1997年再次获胜，成功连任。

这个天生口吃的孩子就是加拿大第一位连任两届的总理让·克雷蒂安。

生命由蛹化蝶，让·克雷蒂安以这样的自尊、自信和自强提升了口才能力，并且升华了成功的高度。

自信，是锻炼口才的必然要素。骐骥一跃，不能十步；驽马十驾，功在不舍；锲而舍之，朽木不折；锲而不舍，金石可镂。古今能成大事者，无不树立坚定的信念。内心树立坚定的信念，你的语言会更具说服力。

越害怕讲话越要大声喊出来

俗话说"茶壶里煮饺子，有货倒不出"。那是因为没有找到突破口，一旦找到了，就会犹如滔滔江水一发不可收拾，这个突破口就是自信。说话时言语不流畅，吞吞吐吐，情绪紧张，大都是由于自信心不足造成的。所以，在一定程度上来讲，树立自信对自己的口才发挥至关重要。如果信心充足，理直气壮，说起话来就节节有力，感染力也比较强。

在人生的路上，有很多年轻人，因为内向、害羞不敢大声说话，以致自己总是会失去一些本该属于自己的东西。有的时候，锻炼自己大声说话，是建立自信的好方法，可以帮助你获得成功。

一个自卑、害羞、内向的人，在慢慢的锻炼中变得自信，变得敢于将话说出口，最终获得成功。你也可以在空旷的地方、自己的卧室里练习说话，比如练习绕口令来锻炼自己，那么成功离你也就不会太遥远了。

克服当众讲话的胆怯

拿破仑·希尔曾说："有很多思路敏锐、天资高的人，却无法发挥他们的长处参与讨论。并不是他们不想参与，而是因为他们缺少信心。"要想增强自己的信心及锻炼口才，就要在众人面前慷慨陈词，即使说错了，你也会增加自信。

俗话说"心病还须心药医"，心理的障碍用心理的方法去矫治还是最有效的，以心理暗示的方法进行心理放松，必须让心理感受重新回到正确位置。鼓起勇气，不要害怕你面对的任何人，他们不是老虎，不会吃了你，说话就是要勇敢说出来，经过锻炼，慢慢积累自己的说话经验和技巧。

关于克服当众讲话或演讲时的胆怯害羞心理，卡耐基先生最有经验，他给我们提出最基本的经验就是："你假设听众都欠你的钱，正要求你多宽限几天，你是神气的债主，根本不用怕他们。"

暗示的同时，也能够培养一个人的自信心，自信心是自己相信自己能力的一种意志。人们有时说不好话，并不是他们说话能力有欠缺，而是欠缺自己能够把话说好的信心。

"金无足赤，人无完人"，世界上没有十全十美的人，也没有一无是处的人。想要战胜说话时的焦虑、紧张、害怕、怯场，除了鼓起勇气，还要谨记以下心理暗示的方法：

不要说"反正""毕竟"这类泄气的字眼；

树立自信，多用肯定式的方法去表述事物；

心里一旦产生自卑感立即打消；

对自己敏感的措辞最好不说，用省略、代替的方法绕开；

把抽象问题具体化，理出头绪就有了信心；

无信心时去干自己最拿手的事，其他的过后再理；

凡事要想到最坏的结果；

常用"天无绝人之路"平息自己内心的不安；

"哀莫大于心死"与自己永远无关；

烦心时找个无人的地方大骂一通；

失落时找最能鼓舞你的朋友去侃天论地；

必要时把郁闷写在一张纸条上，用火烧掉；

不顺利时可以先发牢骚再处理；

相信自己的话没有说错。

有句广告词说得好，"没声音，再好的戏也出不来"。同样，在你和他人沟通的时候，没有语调或者语速，再好的事物叙述出来都是平平淡淡的，无法打动对方。

在人际交往中，人们常常会从一个人的语调、声音来判断他是一个让人愿意亲近的人，还是一个不讨人喜欢的人。所以说，语调、声音以及说话时吐字是否清晰都是与人交谈时很重要的因素。

你的声音可以塑造

说话要讲究发声，即音高、音势、音长和音色。音高是指声音的高低；音势是讲音量的强弱；音长是说声音的长短；音色是指声音的品质（也就是音质）。

声音可以塑造，播音员的声音特别有共鸣、有磁性，这些不全都是天生的，很多来自于后天练习。

如果你参加合唱团（尤其是业余的）就知道。团里分成高音、中音和低音几个声部。但是往往其中一个声部的人不够，指挥就在一个个试音的时候对其中几位说："没错！你可以唱高音，但是中音的人太少了，拜托拜托，你就唱中音吧！"男团员如果声音不高不低，低音部又缺人，指挥也可能要那男生把声音放低沉一点，成为低音。

还有，你看模仿秀中，原来中性声音的人，一下子把声音压扁，一下子把声音放低，又一下子拉高拉长。

所以，如果你觉得自己的声音不够好，你可以练！

首先，你可以试着把同一句话，譬如"风调雨顺"，用不一样的声音说一遍。先沉下来，用低音，再一次一次渐渐拉高。

你也可以先用粗浊的音色说，再改成尖细的调子。

于是，你找出了自己的音域，也就是你有多大发挥的空间和多大的可塑性。

调控好自己的音量及音色

当你和别人交谈时，一定要注意控制自己的声音高度，因为这是展现你口才的主要途径。

在一些特殊场合，如嘈杂的大街上，机器轰鸣的工厂里，不得已的情况下需要提高音量说话，但在平时就没有必要大声讲话了，想象一下，在幽静的咖啡厅里，在安静的公园里，高声说话是很煞风景的。

有些人说话是为了引起别人的注意，故意将自己的声音提得又尖又高。其实，语言的威慑力和影响力与声音的大小完全是两回事。声音大，并不代表就能说服和压制他人，只能迫使别人讨厌你的声音甚至你这个人。

音色，也称作音质，即人的声音本质，由于每个人的声带不同，其音色也不一样。一个人音色好，只要他一开口，所有人都会洗耳恭听，无法抗拒如此富于魅力的声音，即便这个人长相并不出众。那么我们该如何来锻炼自己的音色呢？

第一步先练气。俗话说"练声先练气"，气息是人体发声的动力，就像汽车的发动机一样，它是发声的基础。气息的大小对发声有着直接的联系，气不足，声音无力，如果用力过猛，不但达不到练习的效果反而会损害声带。所以我们练声，首先要学会用气。

吸气：吸气要深，小腹收缩，整个胸部要撑开，尽量把更多的气吸进去。我们可以体会一下，你闻到一股香味时的吸气法。注意吸气时不要提肩。

呼气：呼气需要慢慢地进行，要让气缓缓地呼出。由于我们在演讲、朗诵、辩论时，有时需要较长的气息，那么只有呼气慢而长，才能达到很好的效果。呼气时可以把两齿基本合上，留一条小缝让气息慢慢地通过。

学习吸气与呼气的基本方法，你可以每天到室外、到公园去做这种练习，做深呼吸，只有持之以恒地坚持下来才能有成效。

第二步，练声。在练声以前应该做一些准备工作。先放松声带，用一些轻缓的气流振动它，让声带有所准备，然后发一些轻慢的声音，但是需要注意的一点就是千万不要张口就大喊大叫，那只能对声带造成损害。这就像人们在做激烈运动之前，要做些准备动作一样，否则就很容易使肌肉拉伤。

声带活动开了之后需要在口腔里做一些准备活动。我们知道口腔是一个人重要的共鸣器，声音的洪亮、圆润与否与口腔有着直接的联系，所以可不能小看了口腔的作用。口腔活动可以按照以下方法进行：

①**进行张口、闭口的练习，活动咀嚼肌，也就是面皮。**这样等到练声时咀嚼肌运动起来就轻松自如。

②**挺软腭。**这个方法可以用学鸭子叫的" gāgā "声来体会。人体还有一个更重要的共鸣器，那就是鼻腔。有人在发音时，只会在喉咙上做无用功，根本就没有用上胸腔、鼻腔这两个共鸣器，所以说话声音就会有些单薄，音色也相当差。练习用鼻腔的共鸣方法应该先学习牛叫的声音。但需要值得注意的是，在平日说话时，如果只用鼻腔共鸣，那么可能造成鼻音太重的结果。

③**练习吐字。**吐字似乎离发声远了些，但其实两者之间是息息相关的。只有发音准确无误，清晰、圆润，吐字才会达到"字正腔圆"的效果。

还要注意，练声时，千万不要在早晨刚睡醒时就到室外去练习，那样会使声带受到损害。特别是室外与室内温差较大时，更不要张口就喊，那样，冷空气进入口腔后，会刺激声带。

把握说话的语气和语调

哈佛大学的行为科学家研究的数据指出：人与人在面对面沟通时，给他人的观感好坏，有38%决定于说话的语气语调；而在使用电话沟通时，语调及语气更占了75%以上。因此，好的说话态度和语态将是您决胜的关键。

意大利的著名影星罗西在这方面可谓大师。有一次，一些外宾要求他表演一段悲剧。只见罗西用意大利语表演起来，在场的客人虽然听不懂，但罗西语调时而悲伤时而痛苦，许多客人被他感动得流下眼泪。这时，一位意大利人捂着脸走出宴会厅，在走廊里放声大笑。原来，罗西根本不是在演什么悲剧，而是在念宴会菜单。

由此可见，说话语调对于说服效果是多么重要。在什么样的情况下用什么语调，这样才能达到很好的效果。然而，很多人并不注重语调，有时候说话的语调让别人很不喜欢，导致很多事情都不成功。

说话语气及语调的基本表达技巧包括停顿、重音、语速的快慢和语调的升降四种。

1. 停顿

停顿就是说话过程中的声音间歇，是有声语言表情达意必不可少的一种重要的修辞手段。它在口语中有调节气息、显示语脉、突出话题等作用。合理停顿，可使话语意思表达明显，增加语言节奏感。同时，它还能给听众留出思索、消化、回味的时间，以更好地理解语意。一般来说，停顿分为语法停顿和强调停顿。

2. 重音

重音是指在口语中用改变音强和音长的方法以突出强调。在口语实践中，找准重音，运用合适的力度表达重音，可以突出语句重点，把语意表达得更加准确鲜明，感情表达得更加充沛。

3. 语速的快慢

语速的快慢是语言节奏的主要标志，是有声语言表情达意的重要手段。快，可表现急迫、紧张；慢，则可表现安闲、平静。

4. 语调的升降

语调的升降指整个句子高低升降的语气变化。通过句子抑扬升降的变化，可以表达不同的语气，体现说话人喜怒哀乐的不同感情态度。

在日常生活中，一个人的说话语调不同，表达的意思就会不同。语调，像音乐里音调的高低是音乐的生命那样，说话没有语调，又怎能感染人呢？不同的声调可以表达不同的感情。

练习口才的基本功

古希腊的一个寓言之所以把舌头比作怪物，是因为它能用最美好的词语来赞誉人，也可以用最恶毒的言辞来诅咒人，它能把蚂蚁说成大象，也能把小丑说成国王。所以，我们才有"良言一句三冬暖，恶语伤人六月寒"的古老俗语。

当然，口才并不是一种天赋的才能，它是靠刻苦训练得来的。古今中外历史上所有口若悬河、能言善辩的演讲家、雄辩家，他们无一不是靠刻苦训练而获得成功的。因此，要想拥有一副好口才，就要练好口才的基本功。

速读法

这里的"读"指的是朗读，是用嘴去读，而不是用眼去看，顾名思义，"速读"也就是快速地朗读。这种训练方法的目的，在于通过锻炼让人口齿伶俐，语音准确，吐字清晰。

方法：找来一篇演讲词或一篇文辞优美的散文，先拿来字典把文章中不认识或弄不懂的字词查出来、搞清楚、弄明白，然后开始朗读。一般开始朗读的时候速度较慢，逐次加快，最后达到你的最快速度。

要求：读的过程中不要有停顿，发音要准确，吐字要清晰，要尽量达到发声完整。因为如果你不把每个字音完整地发出来，速度加快后，就会让人听不清楚你在说些什么，快也就失去了快的意义。"快"必须建立在吐字清楚、发音干净利落的基础上。我们都听过体育节目主持人宋世雄的解说，他的解说就很有"快"的功夫。但宋世雄的"快"是快而不乱，每个字、每个音都发得十分清楚、准确，没有含混不清的地方。

速读法的优点是不受时间、地点的约束，无论在何时、何地，只要手头有一篇文章就可以练习，而且还不受人员的限制，不需要别人的配合，一个人就可以独立完成。当然你也可以找一个人听听你的速读练习，让他帮助挑你速读中出现的毛病。比如哪个字发音不够准确，哪个地方吐字还不清晰等等，这样就更有利于你有目的地进行纠正、学习。你还可以用录音机把你的速读录下来，然后自己听一听，从中找出不足，以便改进。

背诵法

学生都背诵过课文，有诗歌、散文、小说，背诵的目的各有不同。有的是因为老师要求必须背诵，而不得不背，以完成老师交给的学习任务；也有的是为了记下某首名诗、某个名句，以此来丰富自己的文学素养。而我们提倡背诵，主要的目的在于锻炼我们的口才。

这里的背诵，并不仅仅要求你把某篇演讲词、散文背下来，我们要求的背诵，一是要"背"，二是要"诵"。这种训练有两个目的：一是培养记忆能力，二是培养口头表达能力。

记忆是练口才必不可少的一种素质。要想培养出好口才，没有好的记忆力是不可能的。只有大脑中充分地积累了知识，你才可能张口即出，滔滔不绝。如果你大脑中是一片空白，那么你再伶牙俐齿，也无济于事。记忆与口才一样，它并不是一种天赋的才能，后天的锻炼也起着至关重要的作用，"背"正是对这种能力的培养。

"诵"是对表达能力的一种训练。这里的"诵"也就是我们常说的"朗诵"，它要求在准确把握文章内容的基础上进行声情并茂的表达。

练声法

练声也就是练声音、练嗓子。在生活中，我们都喜欢听那些饱满圆润、悦耳动听的声音，而不愿听干瘪无力、沙哑干涩的声音，所以锻炼出一副好嗓子，练就一腔悦耳动听的声音，是我们必做的工作。

要有一个有效而美感的发声操作，首先就必须有一个科学的用气操作。假如把人体比作一个如同"簧管"或"唢呐"那样的乐器，相当于"号嘴"的声带要想发出声音，必须要靠呼吸器官提供足够的气息，这就叫"以气托声"。故有"练声先练气，气足声才亮"之说，练气是发声的基础，气不足，声音无力，用力过猛，又有损声带。所以我们练声，首先要学会用气。

关于如何练气，我们在上一节已经详细阐述，大家可以重温下上一节内容。练好气后，就可以锻炼正确的发声了。

洪亮如钟——在练发声以前先要做一些准备工作：先放松声带，用一些轻缓的气流振动它，让声带有点准备，发一些轻慢的声音，千万不要张口就大喊大叫，会伤害声带。这就像我们在做激烈运动之前，要做些准备动作一样，否则就容易使肌肉拉伤。声带活动开了，我们还要在口腔上做一些准备活动。我们知道口腔是人的一个重要共鸣器，声音的洪亮、圆润与否与口腔有着直接的联系，所以不要小看了口腔的作用。

口腔活动可以按上一节介绍的方法进行训练，先进行张闭口的练习，然后是挺软腭的练习。

字正腔圆——练习吐字。吐字似乎离发声远了些，其实两者是息息相关的。只有发音准确无误，清晰、圆润，吐字才能字正腔圆。

可以先从绕口令开始，主要是为了帮助大家训练口齿灵活、语音准确、吐字流畅、气息饱满、圆润集中、字正腔圆。训练时，要求大家一定要按照正确的发音部位和发音方法练习。一方面要注意纠正自己的发声缺点、弱点、毛病；另一方面还要利用和发挥自己的长处，扬长避短。绕口令练起来有些绕口、难以发音，但它却是学习说好普通话必不可少的练习材料，通过绕口令的练习不仅可以加强咬字器官的力度，提高咬字器官的灵活度，同时也可以有效地锻炼呼吸的控制能力。练习时，最初应特别注意字音质量，要把音发准，劲使稳，打开韵腹，利索收音，做到吐字准确、清晰、圆润。然后由慢到快，逐渐加速，可按音、字、词、句、段五步练习法循序渐进。

在训练中，我们还要注意结合气息控制练习。在开口前要注意放松喉部、气息下沉。"运行"当中要补气自如、轻松流畅，字音速度由慢渐快，要做到慢而不断、快而不乱，最后还要注意做到内容清楚、感情充沛。因为气是发声的动力，气息调整不好，字的"运行"就会发生故障，声音的质量也就无法保证。

口才基本功的训练是艰苦而乏味的，要发扬"一不怕苦、二不怕累、三不怕枯燥"的精神，静下心来，下苦功夫，把基本功练好，基本功练扎实了，口才才能达到更高的水平。

开口前一定要先看场合

在什么场合说什么话，这是人们在长期交往实践中总结出来的经验。谈话双方对于话题的选择与理解、某个观念的形成与改变、谈话的心理反应以及交谈结果，无不与场合有着直接的联系。所以，在谈话时，你必须考虑场合影响，有意识地巧妙利用场合效应。

看对场合说对话

说话要注意场合。不看场合，随心所欲，信口开河，想到什么说什么，这是典型"不会说话"的一种拙劣表现。

某法院开庭审理一起盗窃案，被告对作案时间交代不清。为了核实，审判长决定传被告之妻到庭作证。由于过分着急，审判长脱口而出："把他老婆带上来！"

法庭顿时哗然，严肃的气氛被冲淡了。

当时，审判长应该运用法庭用语，宣布"传证人某某某到庭"。由于以日常用语取代了法庭用语，因而很不得体。

词汇很丰富，只有依据不同的场合，选取最恰当的词语，才能准确地表达自己的思想和感情。

我们也应该学会随着面对场合的不同而改变言语的态度、称谓，包括语速。看看下面一则英国女王的小故事。

英国女王维多利亚，与其丈夫阿尔伯特相亲相爱，感情和谐。妻子是一国之君，整天忙于公务和应酬，而丈夫却不太关心政治，对社交缺乏兴趣。有一天，女王忙完公事，已经深夜了，她回到卧室，见房门紧闭，就敲起门来。

问："谁？"

答："我是女王。"门未开，再敲。

问："谁？"

答："维多利亚。"门未开，再敲。

问："谁？"

答："你的妻子。"门开了，维多利亚走了进去。

女王回到家里，场合改变了，她就不再是女王，而是一位妻子。在宫廷上对着王公贵族说话是一种情形，回家说话应该是另一种情形。设想一下，我们跟一个六七十岁的普通农民交流时大谈网络信息高速公路会是一个什么情形，我想这位农民一定不知道你所说的是什么，说不定还会认为你脑子有毛病。这就叫"在什么山上唱什么歌，拿什么钥匙开什么锁"。

人多场合，口留三分

我们可以看到那些成功人士，说话很会把握分寸，不管在什么场合都是落落大方，说话的时候，言词很充分，该说的话一定不会让听众失望；不该说的时候，多一句也不说。这也是分场合讲话的一种智慧表现。

小冬和李楠是一对非常要好的朋友，从中学到大学一直形影不离。一次，中午放学后，在餐厅买饭的同学排起了长龙。小冬和李楠等了好久才买到饭菜，就在这时，英语老师给小冬打来电话，让她马上去办公室一趟。因急着去老师办公室，小冬就把饭盒放在李楠手上，请她帮忙带回教室。李楠接过饭盒往外走，哪知道上台阶时不小心滑倒，饭撒了一地。李楠本想再去给小冬买一份，但一想到还有那么多人在排队，就打消了这个念头。

回到教室，面对众同学，李楠真诚并愧疚地对小冬说："真不好意思，我把你的饭撒了！"小冬一听很是生气，当着同学们的面数落起李楠来："唉，你真是太粗心了，上次元旦晚会排节目，要你去租盘光碟，你却在途中把光碟弄丢了，害得我们光碟没用成，还要赔人家钱，这回又……"李楠红着脸，小声地说："要不，你吃我的吧，还有两个包子！""什么破包子，你不知道里面都是垃圾肉吗？怪不得你从小就长这么胖！"小冬不顾场合如此说话，李楠很是难堪，"啪"的一声，她把包子摔在课桌上，大喊："你爱吃不吃，我赔你钱还不行吗？"李楠一边说，一边把钱扔了过去。从那以后，李楠和小冬形同陌路，谁也不搭理谁。

李楠和小冬之所以会闹成这个局面，主要原因是小冬在公众场合揭了李楠的短处，让她无地自容。李楠办事粗心，固然应认真注意并加以改正，但小冬口无遮拦，开口就揭短，也太不应该了。

俗话说"打人不打脸，骂人不揭短"，特别是在公众场合，大家都看着呢，揭短不仅损害对方在公众中的形象，也降低了自己的形象，不仅会加深彼此间的矛盾，还会让对方心理失衡。对同学因意外造成的过失，要多一些理解和宽容，小冬如果事后找适当机会和李楠交流，帮助她改正，这样既能维护李楠的面子，又不会破坏友谊。

"说话要注意场合"，这是提醒你说话时要注意所处的时间、地点和周围的情况，不要违背时境对你的限制，更不要超越具体时境的限制。很多人都有过因说话行为与说话时境失去统一、和谐而产生过这样的懊悔："在那种情况下我不该那么说。"说话行为与说话时境必须保持统一，这是一条不可违背的规律。说出去的话就如泼出去的水，"覆水难收"，所以说话时注意场合就成为非常需要关注的事情，要尽量做到"三缄其口"。

"到什么山上唱什么歌"

俗话说"到什么山上唱什么歌"，就是说人要能适应不同环境，根据环境调整自己。用到不同职业上也是同样的道理，在不同的位置上要说不同的话，否则就是没有进入角色，工作更不可能做好。

注意说话的场合，朋友、同事甚至夫妻之间，都不能忽视说话的分寸。很多人难以理解人生如同演戏的比喻，特别是对在现实生活舞台上具有演技派才能的演员不理解。看到一些人在不同场合有不同表现，就偏执地认为这些人是"骗子"，然而事实并非都是如此。

ZHANG KOU BI YING

从前，有一对父子冬日在镇上卖便壶（俗称"夜壶"）。

父亲在南街卖，儿子在北街卖。不多久，儿子的地摊前来了很多看货的人，其中一个看了一会儿，说道："这便壶大了些。"那儿子马上接过话茬："大了好哇！装的尿多。"在场的人听了，觉得很不顺耳，特别是那个问话的人，听后便扭头离去。

同样在南街的父亲也遇到了顾客说便壶大的情况。当听到一个老人自言自语说"这便壶大了些"后，马上笑着轻声地接了一句："大是大了些，可您想想，冬夜漫漫啊！"好几个顾客听罢，都会意地点了点头，随后有人便掏钱买走了便壶。

我们可以看到，父子两人在一个镇上做同样的生意，但是结果却迥然不同，并不是因为年老的父亲让人觉得可怜，其真正的原因就在会不会说话上。我们不能说儿子的话说得不对，确实，便壶大装的尿多，他是实话实说。但不可否认，他的话说得欠水平，不看场合，而且粗俗的语言难以入耳，令人听了很不舒服。

儿子一句话砸了生意，父亲一句话盘活了生意，这不正说明了"说话要注意场合"嘛。不看场合，随心所欲，信口开河，想到什么说什么，别人是不会接受你的说法的。

细分说话的场合

在不同的场合，面对不同的人，不同的事，应该从不同目的出发，用不同的方式说话，这样才能收到理想的言谈效果。

说话看场合，常见的有以下几种区分：

1. 自己人和外人的场合

对自己人"关起门来谈话"，可以无话不谈，甚至可以说些放肆的话，什么事都好办。而对外边的人，要怀有戒心，"逢人只说三分话，未可全抛一片心"。办事嘛，一般是公事公办。因此，遵循内外有别的界限谈话，社会上认为是得体的，违反这一界限，便被认为是"乱放炮"，说话不得体了。

2. 正式与非正式的场合

正式场合说话应严肃认真，事先要有所准备，不能乱扯一气。非正式场合下，便可随便一些，像聊家常一样，便于感情交流，谈深谈透。有些人说话文绉绉，有人讲话俗不可耐，就是没有把握正式场合与非正式场合的界限。

3. 庄重与随意的场合

"我特地来看你"，显得很庄重；"我顺便来看你"，有点随随便便看你来了的意思，可以减轻对方负担。可是，在庄重的场合说"我顺便来看你"就显得不够认真、严肃，会给听话者蒙上一层阴影。在日常生活中，明明是"顺便来看你"，偏偏说成是"特地来看你"，有些小题大做，让对方增加心理负担。

4. 喜庆与悲痛的场合

一般地说，说话应与场合中的气氛相协调。在别人办喜事时，千万不要说悲伤的话；在人家悲痛时，不要说逗乐的话，甚至哼哼民歌小调，否则别人就会说你这人太不懂事了。

说话有"术"，"能说会道"也是一种本领。古有"一语千金"之说，也有"妙语退敌兵"之事。可见，会说、巧说是何等重要。我们应重视"说"的作用，讲究"说"的艺术。在求人办事时，注意语言的学习与积累，针对不同的场合，要选用最得体、最恰当的语言来表情达意，力争获得最佳的效果。

第2章

张 口 必 赢

做谈话氛围的营造师

有专家统计过，当众讲话的成功，50% 取决于内容，50% 取决于激情。这个激情其实就是谈话的氛围。

我们在与人交谈时，首先要创造良好的氛围，有了良好的谈话气氛，双方心理容易沟通。而那些能够制造愉快的谈话气氛，不断找出话题的人往往是最受欢迎的。

寒暄：让沟通更融洽的艺术

我们很多人都很容易害羞，尤其是刚进入社会的年轻人，他们刚刚离开学校或者离开家，一旦遇到陌生人，就不知道该如何开口说话了。做到和陌生人融洽相处，那就更难了。但是，只要你能够做到和陌生人一见如故，那么你的朋友就会遍布各地，办事则会顺畅无阻、如鱼得水。

西方国家有这样一句话"只要热情犹在，哪怕青春消逝"。因此，西方人在见面时总是满面笑容地彼此问候，说"你好吗？""早啊！"之类的寒暄话。

因为第一次见面的双方都不是很了解对方，所以常常会陷入无话可说的境地。这时我们不妨以一些寒暄语为开头，比如，"天气似乎热了点！"或者"最近忙些什么呢？"等等。虽然这些寒暄语大部分并不重要，然而，正是这些话打开了话匣子，使初次见面的人免于沉默的尴尬。当然，也必须注意选择适当的寒暄语，不然效果也是很不好的。

下面给大家介绍几种寒暄技巧，以便帮助大家快速地营造出融洽的沟通环境。

攀亲式寒暄

这一做法虽然有点厚黑，但实用性却很强。当我们遇到一个陌生人时，只要你能够认真地观察或在见面前做些调查，都能找到或明或隐、或近或远的亲友关系，如果见面时再拉扯一下，就能缩短彼此的心理距离，使对方产生亲切感。

攀亲拉故就像是一把钥匙，能打开两个人之间沟通的那扇门，不光现代人如此，就连古人都善于运用这种方法来拉近两个人之间的距离。

三国时代的鲁肃就是这方面的高手。他跟诸葛亮初次见面时的第一句话就是："我是你哥哥诸葛瑾的好朋友。"就凭这一句话就使交谈双方拉近了关系，也为后来孙权跟刘备结盟共同抗击曹操打下了基础。

同样，这个方法如同万能钥匙，在外国人的身上也同样管用。

1984年5月，里根总统访问复旦大学。在一间教室内，里根总统面对初次见面的复旦学生，他的开场白就抓住彼此之间"亲近"的关系："其实，我和你们学校有着亲密的关系。你们的谢希德校长同我的夫人南希，是美国史密斯学院的校友。照此看来，我和各位自然也就都是朋友了！"

短短的几句话，不仅消除了国与国之间的隔阂，还增加了彼此间的友好关系，因此也让全场响起热烈掌声。

风趣式寒暄

在与陌生人交谈时，不要小看那只言片语，也不要觉得和陌生人说话必须严肃，有时一句情真意切，或是风趣的话都能够拉近人们之间的距离。如：肯定别人、赞扬品质、安慰他人的话，不用多却能暖人心田；一句不伤大雅的玩笑，就能活跃气氛，消除他人的防卫心理，达到良好沟通的目的。

兴趣式寒暄

这种寒暄方式适用于我们面对众多陌生人时，选择那些大家普遍关心或关注的事情为切入点，吸引众人至少是大多数人的兴趣，这样就会引导大家畅所欲言，人人有话说，自然也就打破了沉默和尴尬，使气氛热烈。比如：

"今年天气真够冷的！去年这时候我都没穿毛衣呢！"

"听说美国大选还有个女的呢，好像是叫希拉里？"

"你们今天看奥运会比赛了吗？中国队又得了几枚金牌？你们说中国能得奖牌榜第一吗？"

"听说咱们小区要新修一个活动中心，谁知道具体情况啊？"

"物价上涨太厉害了，听说人们现在应聘都以这个为理由要求加工资呢！"

即兴式寒暄

当然了，一味地说"今天天气不错啊！"无疑显得太老套，也难以起到明显的效果。那些口才高手们，往往会利用对方的某些材料，如对方的姓名、籍贯、年龄、服饰、居室甚至对方的话题，即兴引出话题，就地取材地侃侃而谈，拉近双方距离，达成自己的目的。

ZHANG KOU BI YING

小马是个保险推销员，精通寒暄话术，掌控谈话的氛围。因此，小马的业绩自然很可观。

一天，小马去拜访一位陌生客户，对方是位经理，刚一见面，小马就注意到了对方的名片——万俟明，于是小马心里有了底。他脑袋一转，开口说道："万俟经理，真没想到您这么年轻，真是年轻有为啊！"短短的一句话，既恭维了对方，又点出了对方的姓氏，果然，对方大为吃惊，说道："你怎么知道我们这个姓呢，别人都叫我万经理呢？"

"我没事喜欢看一些闲书，"小马接着问道，"这个姓是复姓，而且又很少见，想必有来源的吧！"

对方听到这里，更是显得神采飞扬，高兴地说道：

"不错，这个姓大有来头，它原是古代鲜卑族的部落名称，后来的拓跋氏，就是由万俟演变而来的。"

小马看着对方神采飞扬的脸，接口问道："那么您就是帝王之后了？哈哈哈哈……"

这下那位万俟先生更高兴了，只听他说道："岂止如此，这个姓氏名人辈出，例如宋代的著名词人万俟永……"

就这样，小马用对方这个少见的姓氏做话题，和对方越聊越近乎，到最后，对方不出意料地购买了一份大额保单。

问路式寒暄

对于熟悉的人来说，寒暄相对简单得多。与此相对，与陌生人寒暄则难度很大。这时候，我们应该学会投石问路，即先提出一些试探性的问题，待略知一二后再找一些有针对性的话题，既不显得唐突，又给自己留了后路（如果对方不愿攀谈，我们还可以及时退出）。比如：

"以前没见过您，您是他的老乡还是同学呢？"

"您是不是老张经常提起的王大哥？"

"您来得真早，您是他的同事？"

插针式寒暄

所谓插针式寒暄，就是看准情势顺着对方说，也可以发表自己的意见，利用调动交谈双方的好奇心等办法，使自己迅速融入交谈氛围之中。比如：

"你们也知道这事啊，我听说是这样的……"

"怎么了，老太太的病还没好呢？"

"你们说得不太对，我有第一手消息，你们想不想听？"

当然了，寒暄是一门艺术，不能乱找一气，要想做到深谙此道，我们还有必要掌握其他一些说话技巧，时刻关注周围的人或事，并且不断完善自己，做到百事皆通，那么无论对方说什么，或者处在什么情况下，我们都能够及时营造一个融洽的谈话氛围，最终达到我们的目的。

设计开场白：开口必赢的 5 秒钟

ZHANG KOU BI YING

当你开口与人谈话的时候，开场白是十分重要的。如果你能够一开口就留给别人一个好印象，带给人清新的感觉，让人觉得你不错，有十分想和你交谈下去的愿望，那么，也就意味着你这次的谈话成功了一半。反之，如果你没有意识到这一点，或者意识到了，但没有注意说话的技巧，也许一说话就注定了你失败的结局。

古人云："好的开始是成功的一半。"生活中，不论你做什么，说好第一句话都是关键，具有决定性的作用。一个好的开场白，哪怕仅需5秒的时间，却已经决定着这场谈话是否成功的50%。

美国前总统罗斯福是一个善用开场白的人，见过他的人都很佩服他的沟通能力。一位拜访过他的人曾说过："无论来访的是牛仔、勇敢的骑兵随员，还是政治家、外交官，罗斯福都能找到适合对方身份的话题，让彼此的谈话十分愉快。"为什么罗斯福能做到和每个初次见面的人相谈甚欢？原因很简单，每当罗斯福接见来访者之前，他都会在前一天晚上查阅当事人的资料，看看来者是达官政要还是贩夫走卒，谈话前就能找到适合的开场白。

寒暄式开场白，是人们谈话时最常见的技巧。虽然这个开场白常用，但却是交谈的润滑剂，它能在两个人的谈话之间架起一座友谊的桥梁。因为寒暄能产生认同心理，满足人们的亲和要求。

一句好的开场白常常可以开始一场非常成功的谈话，因为第一句话常常是别人对你判断的标准。那么，除了常用的寒暄式开场白外，我们在社交中用什么技巧来把握好这正式谈话前的5秒钟呢？

1. 选择话题要明智

你若想让别人觉得自己有吸引力，最好的办法是说话真诚、明了，这就要明智地选择话题。当你与一位刚刚认识或不知底细的人交谈时，避免冷场的最佳方法是不停地变换话题，你可以用提出一些问题的方法进行"试探"，寻找出对方的兴趣点。一个话题谈不下去时，就换到另一个话题，你也可以谈谈最近热播的电影或者电视剧，或者一个公众事件，也可以描述一件你正在做的事情或者正在思考的问题。

2. 坦诚自我，有的放矢

在与别人交谈的时候，对方有时候揣摩不透你真正的意图所在。此时，你最好能够一开始就说明你的目的，这样一方面消除了对方的疑虑，另一方面又显示你的坦诚，对方会在不自觉间对你产生信任。

3. 适时幽默，不失风趣

开口说话之前，如果发现对方的心理非常紧张，可以适时地幽默一把，让他紧张的心理变得轻松。如此，他们不仅会对接下来的话题有兴趣，还会觉得你整个人很随和，容易让人亲近。

4. 随机应变，灵活机动

开场白的套路有很多种，但并不都是通用的。这时候你就需要根据眼前听众心理的不同来选择不同的开场白，具体问题具体分析。

5. 找出对方感兴趣的话题

谈话中，没有人会对自己不感兴趣的话题投入过多的热情，而如果遇到自己感兴趣的话题，他们常常会情绪激昂地参与进来。因此，在与对方谈话时，我们就可以抓住对方的这种心理，从而实现进一步的交流。

人们往往千方百计地想使别人注意自己，但大部分的"成绩"都令人失望，因为他不会关心你我，他只会关心自己。因此，以对方作为谈话的开端，往往能令他人产生好感。赞美陌生人的一句"你的衣服颜色搭配得真好""你的发型很新潮"，能使他快乐而缓和彼此的生疏。也许，我们大多数人都没有说这话的勇气，不过我们可以说："您看的那本书正是我最喜欢的"或是"我看见您走过那家便利店，我想……"

吴强老实木讷，不善言谈，根本不能引起大家的注意。所以，尽管他工作勤勤恳恳，可在公司里总是没有晋升的机会。

一次，老板带几个员工一同出差，其中就有吴强。在火车上，吴强的铺位刚好在老板的旁边，两人寒暄了几个问题后，就陷入了沉默。吴强感到，这种大眼瞪小眼的气氛简直让人窒息，一定得说点什么打破僵局。可是他从来不和领导打交道，实在不知道从何谈起。

突然，吴强瞥见老板脚上穿着一双锃亮的皮鞋，非常显眼，于是就说："老板，你这双鞋子很有品位，在哪里买的？"

原本只是没话找话，但老板一听，顿时眼睛放光。"这双鞋啊，我在香港买的，世界名牌呢！"老板的话匣子一下子打开了，开始滔滔不绝地讲述自己在服装搭配上的心得，还善意地指出吴强平时在工作中着装的不足，两人言谈甚欢。

下车的时候，老板意味深长地说："吴强啊，看来以前对你的了解太少了，今后你好好干。"

吴强以"皮鞋"为话题，正是用了以对方为话题这一个重要法则，迅速拉近双方间的距离。谈话僵局被打破，关系也就自然改善了，而且还顺便了解到老板的个人喜好，真可谓是"一石三鸟"！从老板最后的态度来看，吴强也通过这个机会展示了自己，给老板留下了不错的印象，这对于日后的晋升有很大帮助。

6. 用请教做开场白

我们可以把这种谈话视为投球、接球的动作，而许多难忘的谈话也都是由一个问题开始的。

一个人到一个新地方，要如何拓展人脉资源？王涛的新春宴会就是一个很好的例子。

在一次企业家座谈会上，众多成功的企业家无暇出席，王涛的老板由于有重要事情要办，便让王涛代表自己参加这次宴会。

王涛本打算替老板签个到就走，无奈接待人员非常热情，他不好意思马上离开。就这样，王涛一直待到了宴会开始。不过，王涛发现整个宴会只有 6 桌，而且自己还被拉到主桌，坐在王涛旁边的是一个大富翁。当晚，王涛觉得很尴尬。可是，他只做了一件事，那位大富翁整晚就滔滔不绝。这件事就是"请教"。

王涛只是问："早就听说您公司的大名了，请教一下您的生意是怎样成功的？"于是那位大富翁便滔滔不绝地讲起他从年轻到今天的奋斗过程。

由此看来，提问的方法是非常有效的。不必配合不同的环境去找不同的话题，只要你记住"请教"这两个字，就可以马上让对方打开话匣子。

这就是开场白的技巧，其实谈话的套路是很多的，并不是通用的，你在不同的场合注意使用合适的话语就可以了，不要死板地使用什么模式。还要注意的就是要切记我们和别人谈话的目的是什么，我们的主题是什么，不要夸夸其谈，给人一种不诚实的感觉。

做一个"听"话的人

在交谈的过程中，为了让沟通的氛围更加融洽，少说多听无疑是重要的一点。我们都知道一句至理名言，叫"上帝给了我们两只耳朵一张嘴，就是让我们多听少说"。的确是这样，在我们的现实生活中，那些被认为有魅力的人并没有几个是喋喋不休的，相反，真正的说话高手，正是那些少说话、多倾听的人。

那是一个圣诞节，一个美国男人为了和家人团聚，兴冲冲地从异地乘飞机往家赶。一路上幻想着团聚的喜悦情景。恰恰老天变脸，这架飞机在空中遭遇猛烈的暴风雨，飞机脱离航线，上下左右颠簸，随时有坠毁的可能，空姐也脸色煞白，惊恐万状地吩咐乘客写好遗嘱放进一个特制的口袋。这时，飞机上所有人都在祈祷，也就是在万分危急的时刻，飞机在驾驶员的冷静驾驶下终于平安着陆，于是大家都松了口气。

这个美国男人回到家后异常兴奋，不停地向妻子描述飞机上遇到的险情，并且满屋子转着、叫着、喊着……然而，他的妻子正和孩子兴致勃勃地分享着节日的愉悦，对他经历的惊险没有丝毫兴趣，男人叫喊了一阵，却发现没有人听他倾诉，他死里逃生的巨大喜悦与被冷落的心情形成强烈的反差，在他妻子去准备蛋糕的时候，这个美国男人却爬到阁楼上，用上吊这种古老的方式结束了从险情中捡回的宝贵生命。

人与人之间需要沟通，更需要倾听！当你在倾诉时，却发现无人在倾听，这种痛苦，无疑是很大的打击！一个善于倾听的人在他人眼中是一个很健谈的人，夫妻之间尚且如此，亲朋好友之间，更是这样了。

有一位经验很丰富的沟通高手给出的建议是："沟通的关键不在于说多少，而是要学会少说话。"多听少说，做一个好的听众，表现出倾听、愿意接受别人意见和想法的样子。

倾听，是迈向成功的第一步，英国著名首相丘吉尔说过："站起来发言需要勇气，而坐下来倾听，需要的也是勇气。"

马克是一家人寿保险公司的推销员。有一次，他做完演讲后，打算要做两件事：第一件事是继续推销人寿保险，第二件事就是找人说说自己巡回演讲的事情，因为在演讲的过程中发生了极为有意思的事情。

马克给一个建筑公司的老总打电话，这个老总以前曾经买过马克一个小份额的保险，他很喜欢马克。马克刚坐下，这位老总便递过一杯咖啡说："马克，讲讲你巡回演讲的事情吧。"

"当然可以，不过我现在更想知道您最近怎么样，家里人都好吧？生意也顺利吧？"马克说道。

这位老总便开始和马克聊起自己的生意和家庭，他说家里人一直都很好，只是前些天一位建筑工人险些从高空坠落，把他和建筑公司的人都吓得够呛。他还说："哎，以前觉得工人们干活，我按时给他们开工资就很好了，没想到人家不仅是在为我工作，简直是在为我卖命，所以，我打算为那些高空作业的人员增加工资。这样，他们的家里人也会更好过些。"

听到老总这样说，马克真是由衷的感动，没想到他身居高位竟然如此有爱心，还担心员工的安危和他们的家庭。一个主意立刻钻进了马克的大脑。

"您可真是位菩萨心肠的人，处处都为您的工人着想。不过，我有个建议，如果您为他们每人购买一份意外保险的话，我想会让他们的生活更有保障……"

"嗯，这的确是个方法，那么你给我做一份保险利益表吧。"

就这样，短短的几分钟倾听，马克就发现了这位总裁的爱心，并利用这份爱心不费吹灰之力就卖出了若干份保险。当然，我们可以反过来想一下，如果马克没有倾听这位老总说话，而是自己滔滔不绝、口沫横飞地讲述自己巡回演讲中的趣事，或许他们一样会聊得很投机，但他却得不到保单。

如何倾听别人的话，怎样听出别人的心声，这对于年轻人来说是很重要的，一旦你学会了有条理地听别人说话，就会觉得听别人说话很容易，也很有意思。当你听得多了，你就会更加了解对方，你就能给别人提供帮助，同时也能给自己带来好处。

怎样才能更好地倾听对方谈话？

首先，要对对方提出的想法表现出极大的兴趣。同时也要了解他，鼓励或帮助他解决问题，或寻求解决问题的途径。特别要注意，你的态度一定要诚恳。

其次，我们还要善于控制自己的情绪。如果太激动，会影响对方表达和自己倾听的效果。你不注意感觉就会影响沟通。

再次，精神要集中。不要东张西望，不要有揉鼻子、抠耳朵等小动作，这些不礼貌的小动作会让对方很反感，也不愿意再说下去，你也就不会得到有用信息，不能及时反馈，沟通的效果自然就好不了。

最后，要表现出自己的谦虚和专注。不要表现出一副自己无所不知的样子，更不要在说话时因为不喜欢对方的话题就表现出厌烦的样子，一个谈话高手，会适时地问一些其他的问题，给予说话者反馈，用动作如点头或者眼神、体态等做出积极的反应。这样才能够让谈话继续，让你和对方的沟通更为有效。

一个成功的人，必须要学会倾听，无论是对朋友、上司还是下属，都要竭力去听懂别人的话，当然在交谈时，我们一定要避免那些影响倾听的事：

身体的不适；

外界声音的干扰；

心中的杂事；

已知道答案的问题；

对人和事物的厌烦；

总是想着自己；

有选择的倾听。

这些都是你在交谈中影响倾听的因素，所以在与人交谈时，一定要有好的情绪和好的环境，这才能让倾听更加有效，才能使谈话变得有意义，才能知道别人想做什么，自己才能有的放矢。

适当调节气氛，随时寻找话机

在社交中，谈话的气氛是很关键的，人们常常希望谈话能够成功，而这其中，善于制造融洽气氛的人则更受欢迎。如果你能掌握调节气氛的说话艺术，必然可以在社交中成为活跃人物，并能以得体的说话方法来广交天下朋友，为你的生活和工作铺就坚实基础。

好的氛围是可以创造的，一个交谈高手在与人交谈时，自己会很放松，在谈话中还能不时地加上一些幽默的语言或自嘲的话语来活跃气氛。当遇上一些尴尬的事情时，要大度一些，不要一本正经，这样会让别人感到压抑。与人谈话的时候，还要注意平等待人，不仰视，不俯视，这样就很容易培养出融洽的人际关系。当然，在交谈时要能够不断寻找话题，这样能使交谈氛围更加融洽和谐。

适当运用赞美

赞美是发自内心深处的对别人的欣赏，是对别人关爱的表示，是人际关系中一种良好的黏合剂，是人和人之间相互关爱的体现。一句鼓励的话，一阵赞赏的掌声，都会使一颗疲惫、困顿的心感到温暖。我们为"追求"而努力、为"价值"而活着，而旁人的赞美正好证明了我们存在的价值。

在口才学上，赞美被看作是一种很好的交往技巧，它能有效拉近人与人之间的心理距离。

不论是谁，都喜欢赞美的话，这是人类的本性。古今中外，无数历史人物的言行充分证明了这一点。因此，和人沟通时，多使用赞美的话，这不仅是谈话高手的一种本领，也是为人处世的基石。

ZHANG KOU BI YING

清代左宗棠平日里最喜欢的动物是牛，他认为牛任重致远，他甚至一度把自己看作是牵牛星降世。

一天，他捧着自己的大肚子问手下的士兵："谁知道我这腹中装的是什么吗？"听到这话，手下人都开始奉承起来，有人说是文章，有人说是智慧，也有人说是十万甲兵……各种美词如潮涌来。但左宗棠却连连摇头。

这时有位小校站出来说："将军之腹，装满了马绊筋。"左宗棠立刻笑逐颜开，大加赞赏，小校因此而受到提拔。湖南人将牛吃的草叫做"马绊筋"，小校的回答是有根据的，所以受到左宗棠的赞赏。

赞美可以调节谈话的氛围，学会赞美常常可以让我们的生活、工作更加顺利。但赞美也需要一点技巧，只有掌握了这些技巧，才能将赞美的话说到对方的心里，让对方成为我们生命中的朋友。

注入幽默

其实在社交场合中，很多时候都需要庄重，但是如果自始至终保持庄重气氛，整体氛围就会显得紧张。在太过压抑紧张的氛围中，适当用幽默、诙谐的语言，不但可以缓解气氛，而且可以表达较重要的内容。所以在交谈的话语有些枯燥的时候，就要注意运用一些生动形象的幽默语言来给听众带来刺激，活跃气氛。

1930 年 2 月 9 日是蔡元培先生 70 岁大寿。在答谢来拜寿的众人时，他风趣地说："诸位来为我祝寿，总不外要我多做几年事。我活到了 70 岁，就觉得过去 69 年都做错了。要我再活几年，无非要我再做几年错事吧！"宾客一听，哄堂大笑，整个宴会充满了欢乐的气氛。

在这里，蔡元培先生用自己的幽默巧妙地为寿宴定下了轻松活泼的基调。如果他当时摆出一副严肃相，一本正经地致答谢词，恐怕不会收到如此好的效果。

有一次，国画大师张大千要从上海返回四川老家。他的学生设宴为他饯行，还邀请了著名京剧艺术家梅兰芳等社会名流作陪。张大千为人一向孤傲，大家入席后不免有点拘谨。宴会开始，张大千举杯向梅兰芳敬酒说："梅先生，你是君子，我是小人。我先敬你一杯。"众宾客莫名其妙，梅兰芳不解其意，问道："先生此话怎么讲？"只见张大千含笑解释道："你是君子——唱戏动口，我是小人——画画动手。"

一句话引得满堂大笑不已，梅先生也哈哈大笑，举杯一饮而尽，宴会气氛马上热烈起来。

张大千看出了大家都很拘谨，便一扫平时的孤傲，以幽默的话语巧妙地调节了沉闷的气氛。

与人交谈时，适当的幽默，不但不会损害自身形象，还能够活跃现场气氛。遇到气氛沉闷的局面时，一句幽默的话，往往能消除这种沉闷，还表现了自己的大度。

幽默可让自己活得更轻松、更洒脱，使人感到你的可爱和人情味。不论是大人物，还是小人物，幽默都是活跃气氛的妙招。但是要注意，千万不要拿别人来开玩笑活跃气氛，这样很容易让人反感，有可能把局面搞僵。

挖掘话题

话题，是谈话中必不可少的，没有了话题，谈话也就无法长久。在交谈中要学会没话找话，找出一个双方都感兴趣的话题，这就像写文章，一个好的题目，往往就会让人文思泉涌，一挥而就。在交谈时如果有一个好的话题，那么谈话就容易持续下去，好的话题就是交谈的媒介、交谈深入的基础。而好的话题，就是当一方熟悉，双方又都感兴趣，能展开探讨余地的话题。

当我们找到话题，还要巧妙地将话题带入到交谈中去，这样才能保证谈话的进行，收到更好的谈话效果。

ZHANG KOU BI YING

赵太后非常疼小儿子长安君。有一次，秦国派兵攻打赵国，赵太后向齐国求救，齐国答应出兵，但条件是让长安君做人质。赵太后疼爱儿子，不肯答应，还对劝谏的大臣们说：
"谁敢再劝我，我就朝他脸上吐唾沫！"

左师触龙为了赵国的前途，决心劝说太后放长安君去齐国。他没有直接跟太后请求，反而一开始就聊家常似的谈起了一些不相关的话，最后话题转到了疼儿子上。触龙说："您疼女儿超过疼儿子啊！真正的疼爱应该为儿女的将来着想。您看，您尽管想念远嫁燕国的女儿，但还是不让她回来看您，一心想让她在燕国生下子嗣，世代为君。这是为她长远打算啊。可您对长安君，光口头上说疼他，却阻止他去齐国为国家建功立业，这样下去，就算您给他锦衣玉食、土地爵位，可他一无建树，将来大家也会不服的，时间一长，他的日子也就会不好过了。所以我觉得，您疼女儿胜过疼儿子。"

赵太后听了觉得有理，就把长安君送到了齐国，齐国果然出兵，帮助赵国打退了秦兵的进攻。

这个故事就是触龙通过谈论疼爱孩子的话题，说到父母对子女的疼爱，取得了赵太后感情上的认同，最后答应将长安君送往齐国做人质。因此，与人交谈时一定要找到合适的话题，而这个话题还要站在对方的角度去考虑，引起对方的兴趣。

在寻找话题时，一定要选择众人关心的事件为话题，把话题对准大家的兴奋中心，这样就能够做到人人有话说，人人都能说上话，自然也就会不断地引起许多人的争论和发言，使得交谈的气氛热烈、持久。

詹姆斯先生是一位计算机专家，他来中国讲学时，受到了热烈欢迎。

有一次，在讲座中间休息的时候，大家在一起聊天，一个年轻的学者诚恳地问道："请问'挑战者号'航天飞机究竟是因为什么原因坠毁的？"岂料詹姆斯支吾良久说："很抱歉，我不太清楚……"原来这位专家对非专业的问题毫不关心，所以无法回答问题，当时场面很是尴尬。

这就是话题的提出很不妥当，因为没有充分了解情况，提出了一个对方很不熟悉的问题，导致交谈出现障碍。

所以说，无论我们在什么场合交谈，好的话题都会让你的谈话顺利进行，只要你站在别人的角度去想问题，关注别人的兴趣点，这就可以了，千万不要总是说那些对方不是很了解的问题，对方如果不感兴趣，那就会冷场。

将谈话进行到底的技巧

ZHANG KOU BI YING

如何保证谈话顺利地进行到最后，而不会中途卡壳？这要求我们要善于引导别人说话，该说哪些，不该说哪些，一定要记住。在说话时，要给别人留出余地，不要把话说满，说出的话意思明确易懂，话语真诚，要让对方有一种自己站在主导地位的感觉，这样对方才乐意继续交谈下去。反之，对方觉得无话可说，就没有兴趣再谈下去了。

沟通要真诚

在与人交谈沟通时，语言一定要真诚，尤其是在给别人批评和建议的时候，如果显得没有诚意，那么这种批评和建议就会被看成是一种具有攻击性的语言。当然，在说话时给别人留有余地，让别人感到自己不只是个听众，让对方也有话可说，有兴趣说，那才能让谈话进行到底，才能达到好的效果。

要想一个人真正地对自己的错误负责并且改正，那就要保住对方的面子，这样他既能虚心接受你的批评或建议，又能不怨恨你。

有一天中午，司华伯偶然走到他的一家钢铁厂，看到几个工人在吸烟，而在那些工人头顶墙上，正悬挂着一面"禁止吸烟"的牌子。

司华伯并没有指着那面牌子，向那些工人说："你们是不是不识字？"而是走到那些工人面前，拿出烟盒，给他们每人一只雪茄，并且说道："嗨，弟兄们，别谢我给你们雪茄，假如你们能到外面吸烟，我就更高兴了。"那些工人们知道自己犯了错误，他们也钦佩司华伯，他不但没有责备他们，还给他们每人一只雪茄，这使工人们感觉到自己被人尊重。从此以后，再也没有工人在厂内吸烟了。

这就是说话的技巧，如果当时司华伯生硬地用厂规来说这件事，工人未必会改正，还有可能和他吵起来，而真诚沟通，却能让他们欣然接受。每个人都觉得自己很重要，他也希望得到别人的认可，如果他能感受到你对他的尊重，感受到他在你心中有地位，他一定会对你产生好感，并乐于和你交谈。

在日常生活中，与人交谈，注意关心对方的利益、健康以及家人等，他就容易把你当成自己人，乐意和你慢慢交流。或是请教对方最擅长的事情，向对方求教，既增长了见识，又能让对方对你产生好感，还有了聊天的话题，这难道不是一件愉快的事情吗？

和人说话要宽容平等

当我们与人交谈时，尤其是在公众场合，遇到窘境时一定要大度，千万不要为此斤斤计较争执不休，导致谈话氛围被破坏，交谈无法进行。

卡耐基曾说："避免与人争执的办法就是不争执。"

美国著名总统林肯曾告诫一位和同事激烈争执的青年军官说："任何有理想、有抱负、想有所作为的人，绝对不会在这种私人争执上浪费时间的。在遇到和别人意见相左的问题上，你要多让一步；如果你确实是对的，那就少让点，不能失去理智，要有自制力。与其与狗争道被咬一口，还不如让狗先走，因为就算你打死它，也治不好你的伤。"

有些时候，人与人之间避免不了会发生一些争吵，可能会发生在夫妻间、朋友间、领导与下属间或邻里之间等，这些都是令人不快的，有时甚至带来很严重的后果，所以，胸怀宽广，待人大度，就能妥当地处理争执，化干戈为玉帛。

清代中期，有个"六尺巷"的故事。据说当时的宰相张英与一位姓叶的侍郎都是安徽桐城人，两家毗邻而居，都要起房造屋，为争地皮，发生了争执。张老夫人便给张英修书一封，要张英出面干预。这位宰相到底见识不凡，看罢来信，马上回信，信的内容是这样的："千里家书只为墙，让他三尺又何妨？万里长城今犹在，不见当年秦始皇。"张母见书明理，立即把墙主动退后三尺，叶家见此情景，深感惭愧，也马上把墙让后三尺。这样，张叶两家的院墙之间，就形成了六尺宽的巷道，成了有名的"六尺巷"。

虽然这个故事看似和说话没有多大关系，但是道理却是相同的。在生活中我们总会遇到一些不讲理的人，在一些公众场合一句话说不妥，对方就开始吵闹，小题大做，非要争个你高我低，导致场面尴尬，交流无法进行。其实仔细想想，"争一争，行不通；让一让，六尺巷"不是很有道理吗？

还有，在交谈时一定要平等待人，无论你才华多高，成就多大，在交谈时绝不能趾高气扬，因为这样做非常没有礼貌，没有人愿意和你交谈下去，你也得不到你想要的结果。

孔子说："高的能够低一点，满的能够空一点，富有的能够俭朴一点，尊贵的能够卑贱一点，聪明的能够愚笨一点，勇敢的能够怯懦一点，善辩的能够沉默一点，渊博的能够肤浅一点，精明的能够糊涂一点。"这段话的意思就是做人不妨低调一点，因为"满招损，谦受益"。这段话在交谈的场合中也适用，既尊重了别人，自己也受到了尊重，不但让谈话收到好的效果，还能将谈话顺利地进行下去。

第**3**章

张口必赢

幽默：为你的谈话加分

伟大的诗人莎士比亚也曾经这样说过："幽默和风趣是智慧的闪现。"

在交际中，具有幽默感的人，生活充满情趣，许多看来令人痛苦烦恼之事，他们却应付得轻松自如。用幽默来处理烦恼与矛盾，会使人感到和谐愉快，融洽友好。一句得体的幽默会消除一场误会，幽默的谈吐能在交际中给你带来亲切感。

幽默：助你成功的秘密武器

波德说：一个具有幽默感的人，他时时发掘事情有趣的一面，并欣赏生活中轻松的一面，建立起自己独特的风格和幽默的生活态度。这样的人，容易令人想去接近；这样的人，使接近他的人也分享到轻松愉快的气氛；这样的人，更能增添个人魅力。

幽默有助于事业成功

用幽默去传达信息，可使气氛更和谐，平添几分情趣，从而使社交更加成功。

生活中，我们可以见到许多幽默的成功人士。对他们来说，幽默不但是一种标志，而且是一种武器。诙谐风趣的语言往往使他们说话办事更容易，从而为进一步的成功打下良好基础。

调查发现，现代和当代的成功人士，大都很幽默。幽默促进了他们的成功，而成功反过来让他们更加有资本、有条件幽默。二者相辅相成，互相促进。

幽默，社交中的润滑剂

幽默就像润滑剂一样，可以减少人与人之间的摩擦，淡化人们之间的矛盾和误会，使人们的交往更加顺畅融洽。

ZHANG KOU BI YING

有一次，林肯与一位朋友边走边交谈，当他们走至回廊时，一队早已等候多时、准备接受总统训话的士兵齐声欢呼起来，但他的那位朋友还没有发现自己应该退开。这时，一位副官走上前来提醒他退后几步，这位朋友才发现自己的失礼，立即涨红了脸。整个气氛顿时凝固。

林肯见状，立即微笑着说："白兰德先生，你要知道也许他们还分辨不清谁是总统呢！"就这么一句简简单单的话语，立刻把现场尴尬的气氛打破了。

幽默是人际关系的润滑剂，它能让你向别人展示自己的真诚和善。使双方的相处更为和谐，在沟通中，能减少人们之间的摩擦，提高交往的质量。

幽默，可以引起共鸣

大诗人李白曾说过："人生贵相知，何用金与银。"由此看来，人与人之间的交往，还需要心灵上的沟通。想要双方心灵共鸣，那就要借助幽默的手法，因为风趣友善的人，更容易被别人接受。

在一次足球比赛中，一支球队遭遇惨败，与冠军失之交臂，但是教练并没有因此而责备队员，他幽默地说："现在的情况非常好，我们甩掉了冠军这个包袱！可以轻装上阵，全力以赴地去争取胜利了。"

他的话不仅使队员解除了思想包袱，也使他们的心理得到了安慰，在下一场比赛中他们取得了胜利。

幽默可以轻松化解敌意

幽默也是一种情趣，它有效地润滑和缓解矛盾，调节人际关系，给人带来欢乐或以愉快的方式娱人。幽默用于批评，在笑声中擦亮人们的眼睛；幽默用于讽刺，在笑声中敲响生活的警钟；幽默用于交流，在笑声中改变人们的情绪和心态；幽默平息矛盾，在笑声中显出人们的洒脱；幽默用于情爱，在笑声中引来暖暖春风。

化解怒气

一个聪明的人不会使自己陷入与别人的争吵当中，他们会以幽默的语言来化解别人的怒气，从而使争吵的人认识到自己的错误。

有一位先生到一家餐馆里用餐，正在吃着，忽然发现菜汤里面有一只苍蝇。他顿时大怒，生气地叫来服务员，问道："请问，这东西在我的汤里干什么？"服务员弯下腰，仔细看了半天，回答道："先生，它是在仰泳！"餐馆里的顾客包括这位先生在内都被逗笑了。

在这种情况下，无论服务员如何解释和道歉，都只会受到尖锐的批评，甚至会使顾客的怒火增加。但是幽默帮助了他，把他从困境中解救出来，不但缓和了气氛，还使得双方的矛盾马上化解掉。这就是幽默语言的力量。

化解不友善

在生活中，总会遇到一些态度不是很友善的人，他们总会依仗自己某些方面的优势来攻击别人。面对这种人，易怒的年轻人千万不要冲动，要通过合理的手段来化解对方的敌意，从而建立良好的交往，以免陷入争执之中。

ZHANG KOU BI YING

一天，德国大诗人歌德在公园里散步，在一条狭窄的小路上遇到一位反对他的批评家，这位傲慢的批评家说："你知道吗？我这个人从来不给傻瓜让路。"

歌德却说："而我恰恰相反。"说完闪身让批评家过去。这种对抗式的幽默耐人寻味。

人是群居动物，免不了互相之间要交往，而说话是沟通的桥梁。所以在交谈时，一定要注意言行，有时一个小小的口误都会把气氛弄得很紧张。如果能够运用幽默的手法来化解这些不必要的麻烦，就能和他人建立良好的关系。

化解挑衅

在与他人交往的时候，有时会遇到他人的恶意挑衅或者攻击，如果选择回避或者不声不响，这只能给挑衅者带来鼓励，会给自己带来更多的伤害，这时我们不能退缩，要巧妙地抓住对方话语中的把柄，运用幽默这个武器来还击。

ZHANG KOU BI YING

有一天，林肯正要上床休息，有人打电话来请示他："税务主任刚刚去世，能否让我来接替税务主任的位置？"林肯当即回答说："如果殡仪馆同意的话，我个人不反对。"巧妙地拒绝了对方。

有一次在演讲时，有人递给他一张纸条，上面只写了两个字："笨蛋。"他举着这张纸条镇静地说："本总统收到过许多匿名信，全都是只有正文，不见署名，而刚才那位先生正好相反，他只署上了自己的名字，而忘了写内容。"

正面对抗或者回避挑衅，往往会使矛盾升级或交流发生中断，而运用幽默的手法来巧妙地化解对方的攻击，能使你的形象高大起来，更能增添别人对你的好感。

在社交中，面对他人的无理取闹，如果只是一味退让，那会让对方得寸进尺，相反，用诙谐幽默的语言来说话，对方往往无可奈何。

著名诗人普希金在一次舞会上邀请一位年轻的贵族小姐跳舞。可是这个高傲的贵族小姐瞧不起普希金，想要戏弄他，就说："对不起，我不和小孩子一起跳舞。"

普希金听了后，向她笑着说："对不起，我不知道你正怀着孩子。"

普希金假装糊涂，用幽默维护自己的尊严，也回击了对方。面对他人的攻击或者别人给你带来的险境，用幽默的方式能取得很好的效果，并可以使双方的关系变得融洽。

拿捏好幽默的分寸

幽默，是很棒的技巧，是说话中经常用到的武器，提高幽默感不是一件容易的事情，虽然幽默在面对一些情况时，可以使你摆脱困境或者尴尬，但是，使用幽默也要注意分寸，不能什么场合都用，要分情况使用，如果使用不当，不但达不到效果，还容易使自己陷入进退两难的境地。

注意身份

运用幽默语言，一定要符合自己的身份。如果你说出的话语，不适合你的身份，那听的人会感到别扭，甚至反感，这样也就不会达到幽默的目的了。

在说幽默语言时，要做到称谓合适，语气合适，还要注意在不同的场合自己所处的位置，这样在说话时才能有针对性，做出相符的表达方式。

ZHANG KOU BI YING

在一辆列车上，乘客特别多，大家挤在一起，都很难受，希望列车能早点到站，以便离开这里。

当列车快要进入某站时，列车乘务员提醒大家："这一站是××站，下车的乘客带好自己的物品，不要忘记。如果真的忘记了，我们可就接收了。"

乘客听完乘务员的话，全都笑了，接着都下意识地去看自己的物品，有的人还把自己的东西特意往自己身边放一放，好像万一忘记了，乘务员真的要扣留一样。

乘务员一句幽默的话语，不仅符合自己的身份，还使得沉闷的车厢里出现了笑声，缓解了大家的情绪。正所谓"言为心声"，在使用幽默语言的时候，要注意自己的身份，这样才能让幽默真正地打动人心，产生好的效果。

把握分寸和原则

在使用幽默语言的时候，我们不能口无遮拦，一定要看清你说话的对象以及你所处的场合，时刻把握幽默的分寸，切不可乱说，以免引起不必要的误会。

在一个宴会上，有一位男士想邀请一位女士共舞。他怕场面尴尬，想说一些幽默的话来调节气氛。这时他对这位女士说："你好，冒昧地问一下，你结婚了吗？"

女士回答道："没有。"

男人又问道："那么，你有孩子了吗？"

这位女士非常生气，立刻离开了这个地方。

男人很是尴尬，又去邀请另外一位女士跳舞。

男人问："请问您有小孩了吗？"

女士回答说："我有两个孩子。"

男士接着说："他们一定很可爱吧，我可以邀请你跳舞吗？"

这位女士欣然接受。

你看，这位男士在一开始说话时，不注意用语，乱说一气，导致对方的反感，接下来他改正自己的说话方式，把握分寸，对方也就愿意和他跳舞了。

下面是一些在使用幽默时的禁忌，一定要注意：

1. 切忌低俗油滑

幽默是才华与智慧的闪现，它以文化修养为依托，幽默不是低俗、油滑、无聊、尖刻的嘲弄，更不是把快乐建立在别人的痛楚之上。过分的调侃和恶作剧只会让人觉得无聊，是黔驴技穷的表现。

2. 切忌拖泥带水

幽默应该简洁，短小精悍，达到出其不意让人发笑和回味的效果。如果过于复杂，会让对方注意力分散，减少幽默的成分。

ZHANG KOU BI YING

美国的莱特兄弟发明了飞机，是人类航空史上勇敢的开拓者。有一次，兄弟二人前往欧洲旅行，在一次名流汇集的欢迎宴上，主人再三邀请他俩给大家讲一句话。大哥只好先站了起来，说："我不擅长讲话，还是舍弟来吧！"在众人的欢呼声中，弟弟腼腆地站起，说："刚才大哥已经说过了。"大家一阵欢笑，然后更强烈地要求再讲一句，弟弟难为情地说："据我所知，鸟类中会说话的是鹦鹉，而鹦鹉是飞不高的。"话音未落，全场就响起了热烈的掌声。

莱特兄弟的一句话，既高度概括了他们工作的艰辛与埋头苦干的精神，又充满幽默和趣味，简洁、高雅，真是"愈简短愈妙"的典范。

3. 切忌不看对象场合

幽默的言语应当服从于一定的时间，一定社交场合和交往对象。否则，只会让对方感觉浅薄，从而对你产生轻视之心。恰到好处的幽默会使你在社交中如虎添翼，而不合时宜的幽默可能让你一败涂地。

4. 切忌心生恶念

幽默不是要打击谁，报复谁，讽刺谁，它顶多是善意的提醒和规劝。幽默应该是宽厚温和的，而不是尖酸刻薄的。在社交中，幽默让人觉得亲切温暖，而讽刺则可能让人生气、愤怒，要把握好二者的区别。

我们还要谨记使用幽默的原则，那就是：简洁明快、简练得当、通俗易懂。只有掌握这些原则才能够掌握幽默的技巧，提高幽默的能力和水平。

说笑话是培养幽默的开始

会讲笑话，是有效提高幽默口才能力的关键。笑话短小、诙谐、趣味性强，如果能够结合当时的情景，巧妙发挥，说出一个笑话就能形成很强的幽默效果，给人留下深刻印象。

讲好一个笑话，可以活跃气氛，让沟通更加顺利。讲笑话就是要能够随机套用，这就要求事先掌握一些与工作有关的笑话，然后根据自己所处的环境特点即兴加以发挥，灵活地使用。

一个好的笑话能够博得他人的好感，能够愉悦人心。但是在讲笑话的时候，一定要把故事的要素尽可能详细地交代清楚，思路要清晰，能让别人听明白，不要杂乱无章，说完了没人能明白。

一个人家里发生火灾，他拨打 119，当他听到接线员接通电话后，就大声喊叫："快点救火。"

接线员问："在什么地方失火？"

这个人回答："在我家。"

接线员急切地问："我是问你，在哪里着的火？"

这个人说："在卧室！"

接线员说："我们怎么才能到达你的家里？"

这个人说："怎么到我家？当然是坐消防车了。"

故事中的人没有交代清楚火灾的地点，消防队员当然没办法去救火了。

虽然这是个笑话，但是平时如果你在讲笑话的时候，不能把故事要素说明白，就不会产生幽默效果。

讲笑话也是一种艺术，如果你能风趣地表达，可以给人带来欢乐，如果你在讲笑话的时候，还没开始说或者还没说完，自己就先笑起来，那就冲淡了笑话产生的幽默效果了。最好的方式是自己不要笑，你越是一本正经，说出来的笑话越是让人发笑。

在一次宴会上，一个公司老总在谈到下属一些工作问题时，一本正经地给大家讲了一个笑话：

有一个商品推销员去广州出差，到北京后，想乘飞机前往，因怕经理不同意报销，便给经理发了一封电报："有机可乘，乘否？"经理接到电报，以为是成交之"机"已到，便立即回电："可乘就乘。"

这个推销员出差回来报销差旅费时，经理以不够级别，乘坐飞机不予报销的规定条款，不同意报销飞机票费。推销员拿出经理回电，经理目瞪口呆。

说到这里，这位讲笑话的老总还模仿经理的表情。在座的每个人都哈哈大笑，这位老总也笑了。这位老总就是掌握了说笑话的技巧，越是一本正经，越能够使得笑话更加好笑，在说笑话的时候，一个动作，一个特殊语调，或者一些相应的表情都有助于幽默信息的传递。

如何培养幽默感

幽默感同智力一样，是人综合素质的重要组成部分。从某种程度上说，幽默感恰恰是人智慧的体现，是智慧的另一种表现形式。一个人越幽默，就说明他越机智。所以幽默可以说是进行社交，进行沟通的桥梁。那么我们该如何培养自己的幽默感呢？

首先要理解幽默的含义

幽默不是所谓的油腔滑调，也不是嘲笑或讽刺。幽默是机智而又敏捷地指出别人的优点或缺点，在微笑中加以肯定或否定。正如有位名人所言：装腔作势难以幽默，浮躁难以幽默，钻牛角尖难以幽默，捉襟见肘难以幽默，迟钝笨拙难以幽默。只有从容对事，平等待人，有一颗超脱的心，聪明透彻才能幽默。

乐观地面对现实

幽默是一种宽容精神的表现。让自己学会幽默，就要善于体谅他人，就要学会雍容大度，克服斤斤计较，同时还要乐观地面对现实。乐观与幽默是亲密的朋友，生活中如果多一点趣味和轻松，多一点笑容和游戏，多一份乐观与幽默，那么就没有克服不了的困难，也不会有林黛玉型的痛苦者。

内涵深厚的知识

幽默是一种智慧的结晶，是聪明人的一种表现，但是它必须建立在知识丰富的基础之上。一个人只有具备广博的知识，审时度势的能力，才能做到言谈丰富，妙言成珠，从而对不同的人与不同的事做出恰当的比喻。因此，要培养幽默感，必须广泛涉猎，充实自我，不断从浩如烟海的书籍中收集幽默的浪花，从名人趣事的精华中撷取幽默的宝石。

树立自信积极的态度

都说幽默来源于自信，如果没有自信的姿态，谈何培养幽默的口才呢？我觉得，凡事往好处想，天无绝人之路，关上一扇窗，就有另一扇窗为你打开了！我们要对生活怀着积极态度，不能自暴自弃，要学会去自信地掌握、驾驭生活。

多看幽默搞笑电影、书籍

很多极品幽默的电影如周星驰系列、黄百鸣系列、古天乐系列、美国好莱坞的幽默电影，都是很不错的。另外像《幽默与口才》《读者》《故事会》等书籍都是有用的。

学习名人的幽默做法

名人的幽默做法很多，小品达人赵本山、陈佩斯、朱时茂、黄宏等人的幽默表达方式都值得我们去领会、学习。这类的例子太多，大家平常多加观察就会大有收获。

幽默能解决生活中的很多问题，它就像一个不倒翁一样，把它带在身边，你随时随地都可以轻松地面对一切。幽默能降低紧张，制造轻松的气氛；幽默能帮助人洞察冲突和情绪困扰的原因；幽默是用安全而不带威胁的方式表达内心的冲突。

活学活用幽默口才

ZHANG KOU BI YING

当我们在不同的场合、不同的情景、不同的人面前说话时，总是离不开幽默语言，幽默的语言技巧能够让谈话更为愉快，所以说，掌握幽默口才的技巧，是提高语言能力的一个必要手段，下面是一些适合年轻人在职场和社会生活中运用幽默的技巧。

借物言物

这个方法需要你能善于观察生活，掌握与自身的工作生活相关的一些范例，加以灵活地运用，根据自己所处的环境特点等加以发挥。

借物言物就是在遇到一些针对到自身的话题时，借用一个幽默故事来和自己的问题结合起来，反击对方，这就需要你提高运用这类手法的技巧，要做到天衣无缝。

ZHANG KOU BI YING

张大千是我国著名画家。一次和友人吃饭时，朋友以张大千的长胡子为话题，接连不断地开玩笑，甚至消遣他。

张大千默默不语，等朋友说完后，不慌不忙地说："我也奉献诸位一个有关胡子的故事。

"三国时期，刘备在关羽、张飞二弟亡故后，特兴师伐吴为二人报仇。关羽之子关兴与张飞之子张苞复仇心切，都争做先锋，这使刘备左右为难。为公平起见，刘备说：'你们分别讲述父亲的战功，谁讲得多，谁就当先锋！'张苞抢先发话：'先父喝断长坂桥，夜战马超，智取瓦口，鞭打督邮、义释严颜。'

"轮到关兴，由于口吃，半天说出一句话：'先父须长数尺……'就再也说不出来了。这时，关公显圣，立于云端，听完禁不住大骂道：'不肖子，为父当年斩颜良，诛文丑，过五关，斩六将，单刀赴会，这些光荣的战绩都不讲，光讲你老子的一口胡子又有何用？'"

众人听完张大千讲的这个故事，都哑然无声，从此，再也不提胡子的事了。

张大千巧妙借用胡子的幽默故事，使自己摆脱被嘲笑的困境，也反击了朋友们的嘲弄。这就是借物言物的妙处。

一语双关

所谓双关，就是表面上说甲事物，实质上指乙事物，二者因有所关联而被幽默地曲解，从而产生反差，形成了喜剧效果。

杰拉尔德·福特是美国第 38 任总统，他说话时常常喜欢用双关语，这让他的语言充满幽默趣味。

有一次，一位记者问他，他和林肯总统有何不同时，他回答说："我是一辆福特，不是林肯。众所周知，林肯是美国很伟大的一位总统，又是一种最高级的名牌汽车；而福特则是普通、廉价而大众化的汽车。"他的话刚说完，记者就会心地笑了，没有再追问下去。

福特的这句话，一是表达了谦虚之情，二是暗中标榜了自己是一位受大众喜欢的总统，同时由于不是从自己的口中直接说出，所以避免了自吹自擂之嫌。

双关是幽默的常用方式，它温和而含蓄地表达出自己的态度，机智又不乏主见。它是"天真"与"理性"的巧妙结合，甚至能轻松帮你化解困境。

明初有一位宫廷画师周玄素，有一次，朱元璋让他在大殿墙壁上绘制一幅《天下江山图》，以显示自己的盖世伟业。

周玄素暗暗叫苦，心想偌大江山，仅凭一幅画怎么表现呢？再说，就算能绘出来，如果不合皇上的心意，那恐怕也要脑袋搬家了！他灵机一动，谢罪说："臣不曾游遍九州，不敢奉诏。斗胆恳请陛下启动御笔，先勾勒草图，臣再修改润色一二，方可画出《天下江山图》。"

朱元璋听了，觉得说得有理，便亲自提笔画起来，不一会儿就画出了草图，然后便命周玄素修饰。周玄素马上跪启道："陛下江山已定，岂可再有改动！"

朱元璋听了，很高兴，不但没有怪罪他，还重赏了他。

周玄素的话一语双关，表面是说这幅《天下江山图》已经画好，我不便改动，而更深的意思则是陛下的江山永固，没人再能撼动。这话大大迎了朱元璋的心理，自然龙颜大悦，重赏他了。

寓庄于谐

寓庄于谐的幽默技巧就是将本来很严肃的事情，运用玩笑话说出来，产生幽默的效果。这种方法在古人那里就得到了运用。

相传，汉武帝非常想长寿。一天，他与众大臣聊天，说到人的寿命长短时，汉武帝说："《相书》上讲，人中越长，寿命越长，若人中 1 寸长，就可以活到 100 岁。"

坐在汉武帝身边的大臣东方朔听后大笑起来，众大臣莫名其妙，都怪他对皇帝无礼。

汉武帝问他笑什么，东方朔解释说："我不是笑陛下，而是笑彭祖。人活 100 岁，人中 1 寸长，彭祖活了 800 岁，他的人中就长 8 寸，那他的脸岂不是要有 1 丈那么长了。"汉武帝听后，想了想，也不禁哈哈大笑。

东方朔的解释，使汉武帝消解了不满，达到了劝服汉武帝的目的。寓庄于谐的特点就是能让一些不好说出口的话变得轻松，容易让人接受，在表达庄重严肃的道理时能够使气氛和谐，不至于让场面尴尬。

借坡下驴

有时我们在一些场合下会很紧张，不知道该如何调节自己，当有人向你发难时，你就会像骑在奔跑的驴子身上无法下来。这个时候你可以抓住对方的话茬顺着说下去，不与对方做正面的冲突，借助对方给的坡，使自己顺利跳下奔跑的驴子，摆脱自己的困境。

有个年轻人初入职场，性格内向，不善言辞，见到生人就爱出汗。一次，新上任的领导约见他，他很紧张，全身直冒汗。领导见状说："你很热吗？给你打开风扇吧。"

这个年轻人灵机一动，顺口接着"出汗"这个话题说："我这个人真没出息，见了领导除了指甲，全身都冒汗。"领导会心一笑。

没想到，很快这个年轻人的心情就平静下来了，汗也不冒了。以后在遇到相同的场合时，他都会找一两句幽默的话说，后来，他也可以在众人面前大声说话了。

倒转语言

倒转语言的幽默手法就是用相反的话语来表达原本的意思，使得反转的语言和本意之间产生一个交点。准确地把握对方的心理以及说话现场的情况，同时还要注意自己语言的分寸，一定不能伤害别人的自尊心。

可见，反语幽默具有一定的复杂性，在使用的时候，一定要注意方式。

ZHANG KOU BI YING

在一次朋友聚会上，某人有十几年烟龄了，大家都劝他把烟戒掉，告诉他肺癌都是吸烟引起的，可是他听不进去，还在那里向不吸烟的人宣扬吸烟的好处。

这时一个女士走过来对他说："不错，你说得很对，吸烟确实是有好处，而且好处还有很多呢，吸烟能预防小偷，狗遇到了吸烟的人都会躲着走，而且最重要的是吸烟的人青春永驻。"大家听完，很是疑惑，让她解释一下。

这位女士接着说："这还不明白？吸烟的人在半夜的时候咳嗽最厉害，这时小偷也在活动，听到声音还敢进屋吗？抽烟的人身体都很虚弱，过早地驼背，狗就怕弯腰的人，以为要捡石头打它，当然就躲开了。吸烟的人还容易得肺癌，能活多大年纪啊？可不就青春永驻吗？"

大家听完，哄然大笑。那个吸烟的朋友，也无话可说了，此后，经过努力把烟戒掉了。

这位女士的话就是反语，她说了一大堆好处，实际上全是吸烟引起的坏的效果，不但反驳并劝诫了那个吸烟的朋友，也令人印象深刻。

巧用反逻辑

所谓反逻辑幽默法，就是指违背形式逻辑，不按常规去理解，从而突破原来的思维定势，给人意想不到的幽默联想。反逻辑幽默法违反了人们已经习惯的正常逻辑规律，让人在极度不和谐的感觉中体会荒诞和可笑。

丘吉尔是二战中著名的英国首相，他颇富外交才能，幽默感十足。

在一次辩论中，他的一个女政敌气愤地对他说："如果我是你妻子，我一定在你的咖啡里放上毒药。"丘吉尔闻言，当即回答："如果我是你丈夫，我就会毫不犹豫地把它喝下去。"

丘吉尔答话，看似不合逻辑却非常巧妙，其意思是说，如果对方是他妻子，他会感到莫大耻辱，宁愿喝毒药而死。这样的回答比单纯的争辩和驳斥更强有力，而且出人意料，又在情理之中，让人忍俊不禁。

尼克松访问苏联结束后，打算乘专机飞回美国。可是，驾驶员却怎么也无法让飞机上天，经过检查，原来是起飞引擎失灵了。按照惯例，被访国苏联应该对此负责任，所以这让当时的勃列日涅夫非常生气。他指着民航局长，对尼克松说："总统先生，我该怎么处罚他？""提升他，"尼克松诙谐地说，"幸亏引擎是在地面而不是在天上失灵，否则我岂不是要尸骨无存吗？"听了他的话，勃列日涅夫笑了，那个战战兢兢的民航局长也松了一口气。

案例中，勃列日涅夫将如何惩罚民航局长这个皮球踢给了尼克松，这其实是个棘手的难题，但尼克松却用幽默轻松化解了。一句"提升他"不但显出了尼克松的大度和智慧，而且让原本尴尬的外交局面变得随和、自如，足见尼克松在社交方面的高超技巧。

就地取材

幽默本就是一种艺术，而最高明的幽默应该是就地取材，巧妙响应，不着痕迹，恰如风行水上，虽然看不到风，却能看到涟漪，让人心旷神怡，会心一笑。

ZHANG KOU BI YING

百货公司举行大拍卖时，购货的人又推又挤，现场秩序一片混乱。每个人都非常着急，脾气火爆得犹如枪弹上膛，一触即发。有一位被挤得东倒西歪的女士愤愤地对结账小姐说："幸好，我一开始就没打算在你们这儿找到'礼貌'。"

"在此时此刻，这儿根本找不到。"柜台的结账小姐沉默了一会儿，温和地说，"你可不可以让我看看你的样品？"

那位女士一愣，然后不好意思地笑了。

我们应该为这位结账小姐的聪敏机智鼓掌。当无礼的顾客向她抱怨她们没有礼貌时，她没有辩解，也没有反驳，而是巧妙顺手一击，告诉她"你其实也很没有礼貌"。这样更能让顾客平静下来，同时也显得自己不卑不亢。

第4章

张口必赢

学会恰到好处地赞美与批评

在人与人交往的过程中，该怎样说话，该如何说话非常关键，假如处理得不好，就会让对方产生反感而不喜欢与你交往，不愿意和你聊天，这时你或许就会有被人冷落的感觉。因此，在与人交往的过程中，应当学会多说别人的长处，少说别人的不足。换句话说就是：努力发现别人的长处，懂得去赞美对方。

因为赞美可以让人心情愉悦，赞美可以拉近人与人之间的距离。

良好的沟通从赞美开始

用诚恳的态度、热情洋溢的语言赞美对方，不仅能表现自己的涵养、友善的态度，迅速博得对方的好感，而且能使对方感到自我价值被人认可、赞同，进而认为自己内心深处有与人相通的地方。从而产生共鸣，渴望与其拉近感情，深入交往。

印尼前总统苏加诺有一次在为他举行的欢迎会上，说了这样的一番话："今天，我和大家见面，感到非常幸福。你们青年人是民族的希望、未来的建设者、未来的主人翁。青年人是多么幸福啊！印度有很多神话，其中有一个神话说到一棵神树，这棵树叫'愿望之树'，谁要是站到神树的下面，说出他的愿望，那么就能立即实现。假如我现在能够站到这棵神树下，来了一个神仙问我说：'喂，苏加诺，你想要什么？你有什么要求？'那我就要告诉他：'我希望恢复我的青春。'"

苏加诺针对青年听众，热情赞颂他们拥有的宝贵青春。这些诚挚的肺腑之言，一方面激起了听众的自豪感，另一方面使听众认为这位演讲者和蔼可亲、值得信任，拉近了感情，增进了友谊。

虽然赞美能够拉近彼此的距离，但是在一些特定的场合，对陌生人进行直接赞美则会显得矫揉造作、不伦不类。所以，如果我们在称赞一位经营者时，不妨盛赞与对方密切相关的其他事物，以此表现自己对对方眼光独到、经营有方的欣赏；而在称赞一位演讲人时，可以针对他的特点进行夸赞，这不但给他鼓励，同时也让自己心情愉悦。

一句轻轻的夸奖，能使别人如沐春风；一句真诚的赞美，能使别人高兴无比。美国著名作家詹姆斯有句名言："人性中最本质的愿望，就是希望得到赞赏。"

同样在生活里，当一位母亲把一把大稻草丢在晚餐桌上，全家错愕不已时，她说："我为全家做了几十年饭菜，老老小小从没给过一句肯定，岂不是跟给你们吃稻草一样吗？"所以，不要以为家人之间不需要赞美，连妈妈这种爱心不求回报的工作，都渴望有被赞美的一天。

一句简单赞美的话，从我们嘴里说出来，也许算不了什么，但对被赞美者来说，意义却非同凡响。它可以使人精神振奋，甚至会由此改变人的一生。

卡耐基就曾用这种方式使他的一位学员改变了人生道路。这位学员叫比西奇，在卡耐基的学员中表现得不尽如人意，因此，曾有中途而退的想法。卡耐基用热情的话语开导他、用赞美的话语鼓励他，使他喜出望外，对自己充满了信心，并决定留下来继续学习，终成学业，从事了不起的工作。

赞美，犹如一束温暖的阳光。有了它，人与人之间才会变得更加和谐，更加美好，我们的友谊之花才会愈开愈艳！

赞美别人，除了有助于推动彼此的友谊，还有助于消除人际交往的隔阂。

ZHANG KOU BI YING

有位经理亲自设计了他的办公室，包括室内的色调、家具的摆放、灯具的布置等，全都出自他的创意。他为此很自豪，可令他郁闷的是，几乎没人对他的设计表示过赞赏。

有一次，一个推销员敲门进来了，经理本来非常反感这些人，但这次他却没有马上赶他出去，因为这个推销员进门的第一句话就是："好别致的办公室！"经理仿佛遇到了知音似的，马上拉着他滔滔不绝地谈起了当初他是怎样选材、怎样布置、怎样构思……最后，那个推销员不但销售成功，还和经理成了朋友。

赞美的力量就是这么神奇，当然我们并不是说，所有的赞美都能起到这样立竿见影的效果，但最起码，赞美可让对方心情舒畅，从而对你产生一种亲近感，塑造出一种和谐温馨的气氛，从而为接下来的交往扫清障碍。甚至在社交中，赞美也是非常必要的，而且善用赞美可能给你带来意想不到的收获。

有一次，曾国藩与几位幕僚闲谈，评论当今英雄人物。曾国藩问："你们怎么评价彭公（彭玉麟）和李公（李鸿章）呢？"

其中一个幕僚说："彭公（彭玉麟）威猛，人不敢欺；李公（李鸿章）精敏，人不能欺。"曾国藩马上问："那我呢？"一个其貌不扬的人站起来，接过话头："曾帅仁德，人不忍欺。"曾国藩听了，微笑着点头不语。

据传此事过后不久，那个赞美曾国藩仁德的人，就被提升为州盐运使。

连曾国藩这样的高尚之人都如此喜欢赞美之词，更何况我辈俗人呢？所以，对朋友、亲人、上级甚至陌生人都多一点赞美，你会发现你比以前受欢迎了许多。

赞美对社交如此重要，但有的人却吝惜赞美，他们很难对别人说一句赞美的话。这样的人不懂得，给人真诚的赞美，既是对人的尊重、期望与信任，也有助于增进彼此的了解和友情，是协调人际关系的妙招。

ZHANG KOU BI YING

在化学史上，戴维和法拉第的合作是一个典范。虽然有段时间，法拉第的卓越成就引起了戴维的嫉妒，但其二人的友谊仍被世人赞赏。这份情缘的取得，离不开法拉第对戴维的真诚赞美。

法拉第和戴维相识前，曾给戴维写过一封信："戴维先生，您的演讲真好，我简直听得入迷了，我热爱化学，我想拜您为师……"收到信后，戴维很高兴地约见了法拉第。甚至后来法拉第成了名满欧洲的科学家时，他也总不忘在各种场合赞美戴维。

可以说，赞美是他们友谊的源泉，也是他们交往的黏合剂。

人人皆有可赞美之处，只不过有大有小、有多有少、有隐有显罢了。只要你细心观察，就能发现别人的更多可赞点，这会让赞美更自然、更真诚。

赞美是最美的语言

日常生活中，常常被忽视的许多美德中有一项，就是对别人赞美、表扬和肯定。当张三完成某项任务时，当李四考核得满分时，都希望得到领导、同事或是亲戚朋友的赞美、表扬和肯定。但令人遗憾的是我们常常对这些表面上看来事不关己的事熟视无睹。

美国康涅狄格州的一名普通主管，她的职责之一是监督一名清洁工的工作。他做得很不好，其他的员工时常嘲笑他，并且常常故意把纸屑或其他的杂物丢在走廊上，以显示他工作的差劲儿。

这位女主管试过各种办法，但是都收不到好效果。不过她发现，这位清洁工也偶尔会把一个地方弄得很整洁。她就趁他有这种表现的时候在大众面前公开赞扬他。于是，他的工作从此有了改进，不久他可以把整个工作都做得很好了。现在他的工作可以说再没有别人好挑剔的地方，其他人对他也大为赞扬。

可见真诚的赞美可以收到好的效果，而批评和耻笑却会把事情弄糟。经常对别人进行真诚地欣赏、赞美和肯定，可以改善他人与你的对立、敌意关系，建立真挚的友谊。

成功的领导者深谙赞美的重要性，他们的任务就是在下属面前放上一面镜子，让每个人都可以看到自己的优点，并且给他们增添信心。

让他们相信，即使再重要的事情自己也能做好。

尊重别人，就要做到不要轻易地、随随便便地批评指责别人。没有人会喜欢别人的批评，特别是在公众场合，更不愿意听到别人的批评，在这方面，你我他都一样。如果实在是要批评人，也要用极含蓄的语言很委婉地表达出来，使被批评者在友好的气氛中接受批评，同时又不丢面子。肯定对方可以使人奋发向上，可以促使一个人走向光明的路程，也是使下属前进的动力。在公关交谈中，真诚地鼓励，能满足人的荣誉感，能使人终生难忘。

美国作家马克·吐温说："一句好的赞词，能使我不吃不喝活上两个月。"他这句话的内在含义，就是指人们时常需要受人抬举和恭维。

说一句简单的赞美和肯定的话，实在不是一件难的事情，只要你愿意并留心观察，处处都有值得赞美和肯定的地方，适时说出来，会产生意想不到的效果。

ZHANG KOU BI YING

法国总统戴高乐1960年访问美国时，在一次尼克松总统为他举行的宴会上，尼克松夫人费了很大的劲布置了一个美观的鲜花展台：在一张马蹄形的桌子中央，鲜艳夺目的热带鲜花衬托着一个精致的喷泉。精明的戴高乐将军一眼就看出这是女主人为了欢迎他而精心设计制作的，不禁脱口称赞道："女主人为举行一次正式宴会一定花了很多时间来进行这么漂亮、雅致的布置。"尼克松夫人听了，十分高兴。事后，她说："大多数来访的大人物要么不加注意，要么不屑为此向女主人道谢，而他总是想到称赞别人。"并且，在以后的岁月中，不论两国之间发生什么事，尼克松夫人始终对戴高乐将军保持着非常好的印象。可见，一句简单的赞美他人的话，会带来多么好的反响。

英国著名首相丘吉尔曾说过一句话："希望要人家有怎么样的优点，就怎么赞美他！"说明赞美具有展现潜能的效果。如果运用得当，人们就能凭借这种心理技巧使商业中的棘手问题大事化小、小事化了，从而得到圆满解决。

把握适度赞美的原则

赞美是社交中以最低成本获得最高回报的语言法宝，它是一种有效的交往技巧，能够有效地缩短人与人之间的心理距离，让你的社交更得人缘。那么如何做才能让赞美更加适度呢？下面几个原则或许对你有很大帮助。

审时度势，因人制宜

人的素质有高有低，年龄、性格也有所不同。突出个性、有特点的赞美比一般化的赞美能收到更好的效果。比如：赞美老年人，可以多对他过去的成绩进行肯定；赞美年轻人时，要语气上稍显夸张地赞美他的创造能力，并举出几个例子证明他前途无量；对商人，可称赞他头脑灵活、善于经营；对有地位的官员，可称赞他大公无私、廉洁清正；对知识分子，可称赞他知识渊博、功底深厚……当然这一切都必须以事实为依据，不要过火，让人起鸡皮疙瘩，从而产生反感；对文化层次不高的人或者在比较随意的场合，赞美应该通俗、直白、简单，而对水平较高的人或者在比较庄重的场合，赞美就要费点心思，应更典雅、庄重一些。

也就是说，赞美人时，要看清场合，分清对象，使用的语言也要适度，不能太过于夸大，以免引起对方反感。赞美语言适度，才能让对方觉得"香气扑鼻，心旷神怡"。

诚恳意切，有理有据

虽然人人都喜欢听赞美的话，但并非任何赞美都能使对方高兴。能引起对方好感的只能是那些基于事实、发自内心的赞美。相反，你若无根无据、虚情假意地赞美别人，他不仅会感到莫名其妙，更会觉得你油嘴滑舌、诡诈虚伪。

ZHANG KOU BI YING

某经理在 KTV 唱歌时，跑调跑得厉害，最后连他自己都唱不下去了。他摆摆手说："哎呀，不行了，献丑了。"谁知他手下的一个职员却马上说："唱得很好呢，简直和某某歌星不相上下。"经理听了，不但没高兴，还很奇怪地看了他一眼，然后不冷不热地说："我还是有自知之明的。"弄得那个职员十分尴尬。

所以说，赞美别人，一定要出自真心，要真心实意地感觉到对方的优点并加以赞赏。如果言不由衷，甚至牛头不对马嘴，那么这样的赞美有可能让人高兴一时，但不能长久地打动别人，甚至导致关系的恶化。

ZHANG KOU BI YING

一次某著名作家受某书店邀请，去参加一个活动，这个书店的老板为了讨好这位作家，于是便将其他的书全部换成该作者的作品。

当这位作家走进书店后，看到都是自己的书，吃惊地问："难道这里只有我的书在卖吗？"

"其他的书我们都卖完了。"老板说。

这位作家当时就心生不悦，随后找了个借口离开了。

所以，诚恳的态度是关键。只有态度诚恳，我们的赞美才能显得自然，别人才会对我们的赞美感兴趣，我们也才能获得理想的效果。

雪中送炭，画龙点睛

其实，在工作中和生活中，最需要赞美的不是那些早已功成名就的人，而是那些因被埋没而产生自卑感或身处逆境的人。他们平时很难听到一声赞美的话语，一旦被人当众真诚地赞美，便有可能振作精神，大展宏图。因此，最有实效的赞美不是"锦上添花"，而是"雪中送炭"。

某小学有一个留守儿童，由于没有人照顾，他每天都是脏兮兮地来到学校，作业不能按时完成，成绩在班上也是倒数第一，老师和同学都对他冷眼相待。

当他到六年级的时候，班主任换成了一位年轻的女老师，她在第一天上课点名时叫到了这个学生，上下打量了他一番。当同学们都认为老师一定会责骂他的时候，老师却亲切地说："你在早晨打扫卫生区的时候非常认真，这一点值得我们大家学习，我们大家给他鼓励好吗？"

老师的赞扬让他非常兴奋，此后整个人都发生了很大变化，以后不但打扫卫生认真，而且也把自己弄得很干净，同学们也开始和他交往。慢慢地他有了自信，在学习上也更加刻苦，成绩迅速提高上去了。

一句赞美的话，改变了他的一生。这样的赞美，不但能使对方愉悦，还能增强对方的自信心，使得他能够在面对困境的时候，也有动力去改变，最终能够获得成功。

毋可过滥，把握尺度

一般来说，将自始至终都赞美自己的人和起初贬低自己但逐渐发展到赞美自己的人相比，我们更喜欢后者。在与人交往的时候，如果在一段时间里，对同一个人赞美的次数越多，那么赞美的作用力也就越低。如果你过于频繁地赞美某人，你极可能被对方误解为以虚誉钓人的献媚者，甚至对你产生警惕、反感。因而，尽管人们需要赞美，但赞美不能毫不吝啬地随便给予。

此外，在人际交往中，赞美还须遵循几条基本准则：

一定要夸对人；

不要仅仅因为想不出其他可说的话而去恭维别人，含糊其辞的赞美有时并不见得比沉默要好；

不要在某件事显然已经出错时还去赞美；

不要同时夸赞很多人，如果你连带夸奖了被赞扬对象视为"二流"的人，那你就会破坏赞扬的积极效果，这样会削弱赞美的作用；

不要在你准备请人帮忙前赞扬别人，哪怕你是真心实意的；

不要滔滔不绝地赞扬，赞赏与阿谀之间的界限非常细微；

除非你是诚心赞美，否则不要去夸别人，但如果你非得言不由衷，那么至少要听上去和看上去像是真心的。

肢体配合，成效更高

赞美并不一定非要用一些固定词语，见人就说好。有时，可以借助于体态语言，比如赞许的目光、夸奖的手势、友好的微笑等，都能收到很好的效果。

《飘》中的斯嘉丽，之所以让许多男人着迷，很大原因就是她在听男人说话时，能运用眼神、手势等体态语言，表达出她对他们说话的兴趣和赞美。

当别人说话时，她经常歪着头，忽闪着眼睛，看起来非常入迷，有时还用手托着脸蛋，嘴角浮现着迷人的微笑，还不时说："哦，你知道的真多！"这样，那些男人仿佛受到了莫大的鼓励似的，说得更起劲，而对她也更加殷勤、更加喜爱了。

综上所述，赞美是社交中的法宝，每个人都有自己的闪光点，要想在社交中立于不败之地，就要学会发现别人的优点和长处，并赞美他们，这样就能打开他们的心房，使他们很容易对你产生好感，主动亲近你，渴望与你搞好关系。

赞美一定要有新意

我们在赞美别人的时候，一定要有新意，避免陈词滥调，语言要尽量具体细致，从别人没有发现的角度去赞美对方，这样才会让人觉得真实，如丝丝暖风，沁人心脾。

在日常交往中我们经常听到这样的赞美词："你这个人真好""你这篇文章写得真好"等。究竟好在哪些方面，好到什么程度，好的原因又何在，不得而知。这种赞美语显得很空洞，别人以为你不过是在客气、在敷衍。

所以，在赞美他人的时候要热诚，善于变换角度，对别人没有发现的优点加以赞美。比如某个女孩子长得漂亮已是公认的事实，你要是发现这个女孩子长了一对可爱的小虎牙，你借此赞美她，那她一定会非常开心。

一个人不见得会经常做出很显著的成绩。因此，要善于发现别人的优点，并不失时机地予以赞美。这样的赞美才能打动人心，因为这说明你在意对方，对他的长处和成绩都了然于心，他也就能感觉到你的真挚、亲切和可信，你们之间的距离就会越来越近。所以，我们在赞美别人的时候，一定要避免那些陈词滥调。

如下面这些赞美，应尽可能地避免使用。

公式化赞美语言

初入社会的年轻人很容易犯这种错误，自己没有太多与人交往的经验，见面就是"久仰大名""百闻不如一见""生意兴隆"等俗不可耐、味同嚼蜡的恭维。这种公式化的套词给人不冷不热的印象，使人感觉对方缺乏诚意，反倒给人一种你这人不值得深交的印象。

一个年轻人到同学家去玩，见到同学的哥哥后，为了表示亲近，张嘴就说："大哥你好，见到你真高兴！久闻你的大名，如雷贯耳，百闻不如一见！"没想到对方的脸从头红到脖子。原来，他同学的哥哥因打架斗殴被拘留了15天，刚放出来。

这个年轻人根本不明情况就用"久闻大名"这样的客套话恭维他人，却不料揭了对方的伤疤。

鹦鹉学舌

俗话说得好"别人嚼过的肉不香"。一些人在公开的场合赞美别人时，自己不知道该如何去赞美，只会刻意模仿别人的赞美之言，这样的人永远都不会被别人看好。

五代时，朱温手下就有一批善于拍马屁的人。一次，朱温与众宾客在大柳树下小憩，独自说了句："好大柳树！"宾客为了讨好他，纷纷起来互相赞叹："好大柳树！"朱温看了觉得好笑，又道："好大柳树，可做车头。"实际上柳木是不能做车头的，但还是有五六个人互相赞叹："可做车头。"朱温对这些鹦鹉学舌的人烦透了，厉声说："柳树岂可做车头！我听人说秦时有指鹿为马的事，想不到你们也是这种迎合之人。"于是把说"可做车头"的人抓起来杀了。

如果是在人多的场合，大家众口一词地赞美某人所说的一件事，就会使他陷入很尴尬的境地，越是最后几个赞美的，越让他感到厌烦。

只会夸赞别人专长

我们赞美别人的时候，总是会先去看对方的一技之长，赞美其专长。时间长了，被赞美的人听腻了，这样的赞美也不会让对方再兴奋起来。常言道："好话听三遍，听多了鬼也烦。"

由此看来，陈词滥调或者夸大其词、无中生有的赞美只会让对方厌恶。由于赞美的直接目的是让对方心情愉悦，所以，赞美的语言一定要合理、有新意。

背后的赞美更"动听"

ZHANG KOU BI YING

赞美分为两种，一种是直接的，一种是间接的。真诚地直接赞美别人，大部分时间都能取得一些效果，然而效果有限，但是间接赞美则通常能收到更好的效果。因为那样的赞美更真实，是真正发自内心的，起码对方会这么认为。

很多精通于社交的聪明人都能善用这一技巧。他们知道要赞美一个人，当面赞美固然能起到作用，但背后赞美的效果更明显。因为如果我们当面说别人好话，常常会被别人认为是在奉承他、讨好他；然而在背后给予相同的赞美时，被赞美者就比较容易接受，也更容易领情。

语言大师杨素贞曾说过这样一段话："赞美的魅力是无穷的，但是，最有效的赞美是在背后赞美他人。"如果你当着众人的面赞美上司，大家一定会认为你在讨好上司，拍上司的马屁，从而引起周围同事的反感。而假如你在上司不在场的时候，说一些赞美他的话，这不仅不会让同事觉得你是在拍马屁，而且你的赞美很快就能传到上司的耳朵里。

正如罗斯福的副官布德所说："背后颂扬别人的优点，比当面恭维更为有效。"

设想一下，若有人告诉你，某人在背后说你多么多么好，你能不高兴吗？

小娜要考注册会计师，偏偏一本专业书不见了，就跑去向副总借书。副总找了找，说："我没有，你可以去问问张总，他饱览群书、学识渊博，可能会有这本书。"小丽就去找张总借书。张总说："我的专业是哲学，谁跟你说我有会计方面的书呢？"小丽就转述了副总的话，张总听了，高兴极了，此后对副总更加友好。

当赞美的话通过第三者传达到被赞美者的耳朵里，效果截然不同。此时，被赞美者必定认为那是认真的赞美，没有半点虚假，从而真诚接受，还对赞美者产生好感。

所以说，通过第三者无意间转达的赞扬，不但能使被赞美者感到愉快，同时也是促进赞美者和被赞美者关系融洽的最好方法。

《红楼梦》中贾宝玉是一个追求自由、受不得半点约束的人，史湘云、薛宝钗却用心良苦地劝贾宝玉好好学习，以后做官，贾宝玉对此大为反感，对着史湘云和袭人赞美林黛玉

"林姑娘从来就没有说过这样的混账话！要是她也说这些混账话，我早就和她生分了。"恰巧林黛玉此时走过窗下，听到了贾宝玉对自己的赞美，"不觉又惊又喜，又悲又叹"。之后贾宝玉和林黛玉二人互诉衷肠，更加亲密无间。

在林黛玉看来，贾宝玉在背后赞美自己，事先不知道自己会听到，因此这种赞美就一定是发自内心的。试想如果贾宝玉是当着林黛玉的面说这些好听的话，那么生性多疑的林黛玉一定会认为贾宝玉是在讨好她，由此对贾宝玉生出不好的看法。由此可见，背后说别人好话明显要比当面恭维别人效果好得多。只要用法得当，找准时机，你完全不用担心你所赞美的人会听不到你的赞美。

为什么背后的赞美比当面的赞美会有更好的效果呢？因为背后的赞美说明你没有功利性，只是"无意"中说了别人的好话，对于你这种发自内心的赞叹，被赞美者"辗转"听到后，自然会感到很高兴。而且，间接听来的赞美，意味着别人甚至更多的人也知道自己受到赞美了。这自然是更值得高兴的事情。

反面的赞美有时更有效

ZHANG KOU BI YING

除了正面的赞美，有时候反面的赞美也有相当好的效果，而反面的赞美指的就是：批评。当别人犯了错误，脾气不好的人会忍不住大发雷霆，当面批评对方。很可能他抱的是好心，但最后他可能沮丧地发现，自己的"善意"不仅没有被对方接受，反而让对方产生了抗拒心理。这是因为人都是有自尊心的，被批评总不是什么光彩的事情，尤其是当着众人的面，更会让被批评者感觉颜面扫地，所以，懂得说话者绝不会做这样的事情，他们在批评别人的时候，一定会避免第三者在场。

人总是不可避免地要犯错误，当有人犯了错，如果你能够以温和的方式低调处理，那么他一定会心怀内疚，同时会对你心存感激。相反，如果你当众指责他的过错，那么一定会将事情扩大，甚至会为你们之间的关系蒙上阴影。

李女士是一家工程公司的安全协调员，她的任务就是每天在工地上转悠，提醒那些忘记戴安全帽的工人们，开始的时候，她表现得非常负责。

每次一碰到没戴安全帽的人，她就会大声批评，看到他们一脸的不高兴，她又会说："我这还不是为你们好，对你们负责，对你们的家人负责？"工人们表面虽然接受了她的训导，但却满肚子不愉快，常常在她离开后就又将安全帽摘了下来。

公司的一位经理看到了这种情况，就偷偷建议李女士，不如换个方式去让他们接受自己的批评。于是，当她发现有人不戴安全帽时，就问他们是不是帽子戴起来不舒服，或有什么不合适的地方，然后她会以令人愉快的声调提醒他们，戴安全帽的目的是为了保护自己不受伤害，建议他们工作时一定要戴安全帽。结果遵守规定戴安全帽的人愈来愈多，而且也不再像以前那样出现怨恨或不满的情绪了。

其实，批评对任何一个人来说，都是一件令人难为情的事情，尤其当着很多人的面，会更让人感到尴尬，甚至受伤害。实际上，批评的真正目的并不是打击对方，而是为了纠正对方的错误。那么，批评的方式和场合就显得尤为重要。如果我们能够分场合地批评对方，那么被批评者就不会为了维护他的自尊而怪罪于你，反而对你感觉良好。这样的批评就能收到和赞美一样的好效果。

批评也要有人情味

ZHANG KOU BI YING

在社交中，人们总会难免犯下这样或那样的错误，这种时候应当怎样批评，才能让别人接受你的意见，而不至于把关系闹僵呢？这是一种社交才能，批评也是一种社交语言。

每个人都会有缺点，要想与某人的关系更进一层，除了一般的关怀和赞美外，还要善于指出他的缺点和错误，提出善意的批评，这样往往能赢得他的信任，甚至将你视为他的知己，但要注意的是，批评对方时，措词要尽量委婉，如果你的批评太刺耳，说不定会使他站到与你敌对的立场上去。

ZHANG KOU BI YING

美国南北战争时期，下属向林肯总统汇报时，为了夸大敌情、开脱责任，便说："敌人兵力比我军多了三四倍。"林肯虽然不喜，但并没有马上对他的不负责任进行批评，而是高兴地说："我知道对方有多少人了。"众下属大惊，向林肯打听敌人的兵力数量，林肯不假思索便答："120万至160万之间。"下属又问其依据何在，林肯说："敌人多于我们三四倍。我军 40 万，敌人不就是 120 万至 160 万吗？"

林肯巧妙地开了个玩笑，借调侃之语嘲笑了谎报军情的军官。这种批评显然比直言不讳的斥责要好多了。批评是一门艺术，批评的目的不是贬损别人，也不是打击别人，而是要使其口服心服，帮助别人改正缺点，这就要讲究窍门，下面是一些可行的批评办法。

就事论事，别提过去

在与人交往的时候，有些人在批评别人时总喜欢算旧账，如"对了，你以前做过 ×× 事，还做过 ×× 事"，"顺便说一说上次你……"，但这种责备的方式，很难起到应有的效果。所以，在批评他人时，不要把"局部"的过失上升到"全部"，甚至说出诸如："你这个人真卑鄙！""你干什么都粗心大意！""你总是不长进！"这一类的批评，令人反感。对方会认为你是在找一些鸡毛蒜皮的事小题大作，借机打击报复。更不可"株连"到人身攻击上，一旦被批评者遭受人身攻击，自然而然地将采取敌意的防御措施。在这种情况下批评已经全然变质，甚至演化为双方的对抗。

迂回点化，曲线救国

在社交中，批评他人时需要稍做保留，不要直接地表达，最好采用委婉暗示的语言，使对方自然地领悟，切忌直言。过激的言辞很可能会断送友谊。因此，批评的技巧一定要掌握，你运用得如何，也正是你社交能力与自身素质高低的一种体现。

有一位中学老师接到了一个"差班"班主任的工作，正好赶上学校安排各班级学生参加平整操场的劳动。这个班的学生都躲在阴凉处不肯干活，任凭老师怎么说都不愿起来。

后来这个老师想到一个以退为进的办法，他问学生们："我知道你们并不是怕干活，而是都很怕热吧？"学生们谁也不愿说自己懒惰，便七嘴八舌说，确实是因为天气太热了。

老师说："既然是这样，我们就等太阳下山再干活，现在我们可以痛痛快快地玩一玩。"学生一听就高兴了。老师为了使气氛更热烈一些，还买了几十个雪糕让大家解暑。

在说说笑笑的玩乐中，学生接受了老师的建议，没等太阳落山就开始愉快地劳动了。

正如孔子所云："忠告而善道之，不可则止。"这是社交的学问。任何时候，批评都要讲究方法。

语气亲切，勿武断生硬

批评是一个敏感的话题，哪怕是轻微的批评，都不会如赞扬那样使人感到舒畅。而且，批评对象总是用挑剔或敌对的态度来对待批评者。批评者态度不诚恳，或居高临下、冷峻生硬，反而会引发矛盾，产生对立情绪，使批评陷入僵局中。

因此，批评必须注意态度，诚恳而友好的态度就像一剂润滑剂，往往能使摩擦减少，使批评达到预期效果。

要尽量体谅对方的情绪

在批评他人时，要学会从别人的角度来看待问题，设身处地地站在对方的立场考虑，自己是否能接受得了这种批评。心直口快虽然是人性格上的优点，但在批评他人的时候如果不能体谅对方的情绪，光图一时"嘴快"，随口而出，就容易在被批评者的心理蒙上一层阴影，这样就很难得到别人的友谊，更会让自己的社交关系举步维艰。另外，也要考虑场合问题。不注意场合的批评，无论是谁都不会接受的。

许多后备军人在受训期间，最常抱怨的就是必须理发，因为他们认为自己仍算是普通老百姓。一级上士哈利·凯撒正好有次奉命训练一群后备士官。

按照旧时一般军人管理法，他大可对那群士官吼叫，或出言恫吓。但他并没有这么做，他尽量体谅大家的情绪。

他这么说："诸位，你们都是未来的领导者，你们现在怎样被领导，将来也要怎样去领导别人。诸位都知道军中对头发的规定，我今天就要按照规定去理发，尽管我的头发比你们的还短得多。诸位等一下可以去照照镜子，如果觉得需要，可以安排时间到理发室去。"

结果许多人真的去照镜子，并且遵照规定理好了头发。

由此可见，批评人颇具学问，批评得当，能得到对方的真心感激和信任，使自己的社交关系圆满；而批评不当，则会自取其辱。

下辑 张口必赢

的实战篇

第 **5** 章

张 口 必 赢

巧妙应对面试，轻松走进职场

在竞争激烈的职场中，你也许会发现这样一个现象，会说话、有主见的人比那些不善言谈的人更能受到重用。俗话说"一句话说得让人跳，一句话说得让人笑"，不一样的表达方式，所得到的结果是不一样的。会说话，说对话，能让你赢得同事好感，也能让你受到领导青睐，尤其是在面试时，说出来的话，能直接影响到你是否能叩开这家公司的大门。

面试就是如何把自己"卖出去"

进入职场的第一步，投简历；第二步，面试。面试是职场新人的第一道关卡，在面试中给面试官，也是你将来的同事或上级，留下一个好印象，是十分重要的。而每一场面试，通常都会有一个自我介绍的环节，可别小看了这个自我介绍，这既是让你在有限的时间和篇幅内展示自己的机会，同时也在一定程度上决定了你的面试能否成功。那么，如何在面试自我介绍时，把话说到位呢？

礼貌招呼，内容简洁

在见到面试官的时候，作为求职者应该先向对方打招呼，说一声谢谢，这是最基本的礼貌，你可以说："经理，您好！谢谢您给我这个面试的机会，我先做一个简单的自我介绍……"在介绍完后，要再次向对方致谢，如果是多个领导面试，还要向其他的面试官致谢。

在自我介绍的时候，还要注意主题，你的主题一定要鲜明，直接进入正题，不要拖泥带水地说一些无关紧要的话，否则面试官是不愿意听下去的。

小张研究生毕业后，到一家大型的房地产公司应聘房地产策划。小张性格开朗大方，属于健谈型的人，拥有上佳的口才。对于面试中的自我介绍，他自信满满，以至于没有做周全精心的准备，决定到时候视面试情况临场发挥。果然，面试的第一道问题就是做自我介绍。小张在介绍了个人的基本信息之后，开始谈起了自己对房地产行业的理解，对未来房地产走势的展望……但是正当小张说得口沫横飞的时候，面试官打断了他。

这段自我介绍不得不"中途而止"。小张自然是落选了。

在这个案例中，小张完全忽略了自我介绍的时间。通常自我介绍的时间一般为 2—3 分钟，在时间的分配上需要拿捏好。通常，第一分钟可谈谈学历等个人基本情况，第二分钟可谈谈工作经历，如果是刚毕业的学生，可以谈谈相关的社会实践或者与应聘职位相匹配的能力，最后若还有时间，可以再谈谈对职位的理解等。如果自我介绍的时间限定在 1 分钟内，那么集中时间阐述最重要的一点内容就可以了。

在自我介绍时主要包括这些要素：姓名、年龄、籍贯、学历以及自己的性格、特长、爱好、工作能力等情况。当然在介绍前，一定要对自己这些材料进行合理的组织，围绕一个中心去说话。如果你应聘的单位对应聘的人学历以及特长很重视，那么作为求职者就得从自己的学习情况以及你在你的专业里所具备的特长出发做详尽的叙述，在整个介绍中都以这个方面作为重点来介绍。

用自己的案例介绍

面试的时候，我们不能为了追求给面试官留下深刻印象，而去对自己的过往工作经验进行夸张的叙述，动不动就说"我在行业里的业务水平非常高"，"我在学校时成绩在班级里面是最好的"等等，其实这样一说，给面试官的印象不好，取得的效果也是适得其反的。现在的招聘单位已经和以前的不一样了，随着社会的发展，单单靠你自己话语的表达，已经不能再让用人单位真正地了解你的能力，而且对于你在校的学习成绩已经不再着重考虑，他们更看重应聘者的真本事。我们国家有句话说得好，"事实胜于雄辩"，虽然面试时间很有限，不可能让你的才能完全展现出来，但是你要学会通过自己的实际成绩或实例来证明你的能力，把你的才华展现给面试官。

徐华是某大学美术系毕业的学生，她离开学校后到一家室内设计公司应聘设计人员，面对着很多所学专业就是室内设计的应聘者，徐华没有什么优势可言。但是徐华已经做好了准备，她在面对面试官的时候说："我叫徐华，河北人，所学专业是美术。虽然我不是专业学习室内设计的，但我对这个行业很感兴趣，在校期间我曾在一家设计公司做过兼职，做过一些室内设计工作，这是我当时做过的设计方案，请领导批评指正。"说着递上自己的作品。面试官看完徐华的设计方案后，觉得很有特点，从色彩搭配到布局安排，都很漂亮，对她很满意，结果徐华从众多竞争者中脱颖而出，被这家公司聘用。

话到嘴边留三分

面试中的自我介绍其实就是把自己推销出去，让面试官看到你的优点，让对方欣赏你，所以在介绍的时候要坦诚，也要有所保留。

介绍自己的能力时，千万不要把话说得很满，以免把自己放到死胡同里面出不来。在介绍自己的工作经验以及对工作的想法时，不要用那种非常肯定的口气："我非常熟悉这项业务！""我保证让部门改变面貌！"这些话常常是因为情绪冲动而发出来的，在这些话下面往往没有具体内容。这样的话往往会引起面试官的反感，如果遇到较为平和、内敛的面试官，也许不会为难你。但是如果遇到个性较强的面试官，他往往会这样问你："那么你谈谈有些什么措施？"或者"这项业务最新发展动向是什么？"你必定会张口结舌，尴尬万分。因为情况是非常具体和复杂的，你如果硬着头皮去回答，那只能使场面更加尴尬，自己很难下台。

> 　　小赵去面试一家国际旅行社的导游时，介绍自己说："我这个人喜欢旅游，熟悉各处的名胜古迹，全国的风景名胜几乎都去过。"面试官对此很感兴趣，就问："那你去过云南大理吗？"因为面试官就是大理人，对自己的家乡再熟悉不过了，想借此机会考察一下小赵的知识面。可是小赵根本就没去过大理，心想若说没去过这么有名的地方，刚才的话，不就成了吹牛了吗？于是硬着头皮说："去过。"面试官又问："你住的是哪家宾馆？"小张再也回答不上来，只好说："那时我是住在一个朋友家的。"面试官又问："你的这位朋友家在大理的什么地方啊？"小赵这下没词儿了，东拉西扯答非所问，结果自然是可想而知的。

　　自我介绍只是面试中的谈话内容之一，你要尽可能客观地显示你的实力，不要乱夸海口，把自己暴露无遗，这样的话，你与面试官的谈话就很难进行下去了。

自我介绍有禁忌

求职者自我介绍的根本目的，是让面试官对自己有个初步的、大概的了解，并且尽可能留下好的印象以便使面试能够深入进行下去，从而最终赢得面试的成功。所以，在自我介绍的过程中，求职者应当尽力把握好分寸，避免犯下面的错误。

故意卖弄

自我介绍要简明，有条理。当你不了解面试官的性格爱好时，不要胡乱使用修饰词语；也不要说起来没完，把主要的经历说出来就够了，就算你的经历丰富多彩，也没有必要在自我介绍时表现出来。要知道，面试官是选拔人才的，而不是听你讲故事的。自我介绍一定要给面试官留下思路清晰、反应迅速、逻辑性强的印象。

学中文的李方到出版社应聘编辑，他很想通过自我介绍把自己的文学才华显露出来。当面试官对他说："说说你自己的情况吧！"李方觉得自己的机会来了，清了清嗓子，用抑扬顿挫的声调说："二十多年前一个秋风瑟瑟的夜晚，我的啼哭声把那座宁静的北国小城吵醒了。我度过懵懂的童年和迷糊的少年时光，兴奋地走入青年时代，许多欢乐，许多痛苦，让我看懂了这个世界……"面试官听了这番介绍，大倒胃口，对他说："我们这里是出版社，不是诗社，你更合适去写诗。"

得意忘形

在面试的时候，当面试官用夸大的语言和语调来赞美你时，你一定要提高警惕，他的心里一定有着对你的不满。他的语调表明，他不能再听这类"自我介绍"了。

陈烨爱好广泛，经过自己的努力，掌握不少技能。一次，他去应聘一家外贸公司经理，面试官问："说说，你最擅长什么？"陈烨觉得这是一个很好的展示自己的机会。于是精神大振，把自己爱好唱歌，经常参加比赛，还获得过三等奖；爱好长跑，曾获得过市马拉松长跑第10名等大大渲染了一番。面试官也立即把他大大"夸奖"了一番："你唱歌还获过奖，实在了不起啊！""你坚持长跑，真叫人钦佩！"陈烨还没有听出面试官的弦外之音，认为是在夸奖自己，于是又继续说下去："是啊，我平时还喜欢养鸽子……"

陈烨面试完后，过了好久，也没有收到录取通知。

看来，夸奖的言词，恭维的话语，表达的意思十分复杂，并不一定是可喜的，也不能真正表达人的内心。倘若刚一被称赞之后就立刻上当，得意忘形，以为自己已经博得了面试官的好感，这样往往会弄巧成拙。最好的办法是，谈到某个话题，先说一点，同时试探出面试官表达的真意是什么，找出隐藏于赞赏言词内部的真正含义，再继续说下去。倘若面试官的话语中明显已带了讽刺之意，那你就该马上转移话题，并找机会予以弥补。

语言空泛

小李参加某外资公司面试，在自我介绍时说："我读大学时，是班级团支部书记，组织能力强，交际广泛，有好奇心，协调能力强，善社交，朋友多，有韧性。"

小李各方面条件都很不错，但他最后却失败了。

究其原因，主要是他的自我介绍语言空泛，言之无物。他在自我介绍的时候使用了诸如"协调性强""善社交"之类的抽象词，这类词汇是面试官在表达对应试者印象时使用的词汇，应试者本身不该使用这些词语。

面试是为了推销自己，所以极力宣传推销自己的心情可以理解，不过在自我介绍中，一定要用客观、实际的语言来评价自己，不要用那些很抽象的词语。面试官往往只相信那些可以量化的成绩，而不会对你自我介绍中的什么"组织能力强"之类的词语感兴趣的。倘若你在"组织能力强"后面加上一句"曾经协调组织了一次学校各年级之间篮球友谊赛，并取得了成功"可能效果就不一样了。

面试遇尴尬，机智化解它

在日常生活中，当你与人交流沟通的时候，常会出现一些小状况让你觉得有些尴尬。这些尴尬也许是因为你或对方的原因，或是环境使然，但无论怎样，尴尬就像一个调皮的孩子，总是在我们不经意的时候出现。当然，面试这种重要又紧张的场合也不能例外，而且更容易发生。如果遇到尴尬的情况，却不能沉着应对，机智化解，那么就会影响到自己的面试表现，让面试官对自己的印象有所扣分。所以我们可以事先假想一下面试过程中可能会出现的一些尴尬场面，准备好要化解的方法，这样可以或多或少地增加成功概率。

ZHANG KOU BI YING

　　杨萍是一位应届毕业生。她通过了一家电商企业的笔试，现在正坐在会议室里等待部门经理的面试。

　　很快，有人敲门进来，向她介绍道："杨小姐，您好，这是我们的部门经理景然。"

　　杨萍很快站了起来，叫道："您好，景老师。"

　　经理乍一听到"老师"这个称呼时，不禁一愣。而杨萍很快也从经理有些呆住的表情中，意识到自己叫错了。看来是在学校里叫惯了老师，刚才才会脱口而出这两个字。但是杨萍并没有让自己陷入这场自己制造的小尴尬中，而是镇定地微笑说道："来这儿面试之前，我曾经在另外一家公司实习了4个多月，但是工作经验还不是十分丰富。在这里，我是一个新人，每一个人都可以成为我的老师，您是经理，自然更不例外了。"

　　"哦，"经理也笑道，"是吗？请坐，我们开始吧。请先简短地介绍一下自己。"

　　"好的。"杨萍坐了下来，"我叫杨萍，今年6月将要从大学毕业，我是学经济的……"

面试在一种轻松愉悦的氛围中开始了，仿佛那一个小尴尬完全不存在一样。人在紧张的场合中，往往会脱口而出一些不太合适的话。像面试这种场合，很多人会因为紧张而把面试官的职位、姓氏等弄错，甚至到甲公司面试，却把公司名称说成是乙公司。这些错误的确会影响面试官对你的印象。但如果你在这些错误面前，表现得沮丧万分，在接下来的面试环节中也心烦意乱，那只会让情况更加糟糕。有些人发觉自己说错了之后，为了缓解气氛，会调皮地伸一下舌头，甚至扮一个鬼脸，这些都是不够成熟和庄重的表现。明智的应对方法是保持镇静，因为很多时候说错的话并不是致命性的，后果并没有你想象的那么严重，所以不要一开始就自乱了阵脚。面试官不会因为你一个小小的口头错误，就对你进行全盘否定，他们会体谅你作为一个面试者的紧张心情。如果你实在无法轻松面对，可以找一个合适的时间改过来，并且表达自己的歉意。

这种勇气也会得到面试官的赞赏。

在面试中常会遇到的另一个尴尬状况是，不知道如何回答自己不懂的问题，特别是刚毕业的应届学生。

杰克去应聘某报社的记者，面试他的是社里的一位资深编辑。面试一直很顺利，杰克的表现让资深编辑很满意。"好的，"资深编辑问道，"最后你可不可以跟我简单地解释一下××理论？"

这下杰克有些懵了，这个理论他在课本上看到过，但是没有留下太深的印象。前面的问题都是具体实践中的操作问题，由于杰克的实习经验很丰富，所以答得都不错。但是最后这个理论问题确实把他给难住了。然而他只是呆了几秒钟，就开口答道："对不起，我不太清楚这个理论的具体内容，不敢跟您乱说。我很希望将来可以在与您的共同工作中，向您请教这个问题。"

本来那位资深编辑看到杰克居然不清楚这个基本的理论有些不满，但听到这样的回答，也不禁为杰克的应变和诚恳感到佩服。面试的结果当然是杰克得到了这份工作。

被问到自己不懂的问题的确比较尴尬，而且即使有些问题自己本来懂，但在面试的环境下也可能答不上来。如何回答这些自己不懂的问题，有时候会成为决定面试是否成功的关键。如果可以根据逻辑判断，对问题进行分析，答出基本点，这是最好的。但如果没能正确分析问题，而随意给出一个错误的答案，这比直接回答"我不知道"更糟糕。

不懂装懂无论在任何场合下都是一个大忌讳。

所以，如果你确实"不知道"，你可以说"我不知道"，但是一定要有正确的态度和其他的说辞。杰克的聪明之处就在于，他以诚实、大方的态度坦承了自己现在"不知道"，但是在将来，如果可以跟您一起共事的话，我会向您请教弄清楚这个问题。这样的一种回答就会让面试官觉得你很认真地对待这个问题，而且也想出办法如何去解决这个不懂的问题。正确的态度和灵活的应变能力都具备了，面试官又怎忍心将你拒之门外呢？

每一种尴尬都可以化解，关键在于你不能被尴尬所左右，而要主动地去改变它。只有这样，你才可以居于优势地位，离你想要达成的目标更近。

巧对面试常见问题

每个公司面试的程序和模式不尽相同，面试官的风格各异，面试时所提的问题根据各公司情况有所不同，但是有些问题是面试官比较喜欢问的，所以应聘者一定要对这些问题有所准备，正所谓："知己知彼才能百战不殆。"

1. 为什么应聘这份工作?

"我来应聘这份工作，因为我相信我能为贵公司的发展做出贡献，同时我也相信贵公司会为我提供实现个人价值的舞台，我在这个领域具有一些经验，而且我的适应能力使我确信能把这份工作做好。"当然，每个公司有不同的情况，在遇到类似问题时，要根据情况灵活变通，巧妙说话，这样会给面试官留下好的印象。

2. 对我们公司有什么认识?

在面试前，你要对这个公司进行了解，在遇到这个问题时至少应该回答出以下几项内容：公司的固定资产、是否有子公司、有多少家子公司、有多少员工、每年的销售额是多少、利润是多少、在同行业公司中的地位。此外你还应该对该公司的一些荣誉有所了解，这很容易博得面试官的好感。

3. 你学过哪些课程?

列举几门与你要应聘的职位相关的课程，同时还要说明一些基础课程。比如电脑，现在电脑已经成为应聘者的基本技能，对此你要提一下，但如果你的工作与电脑不是直接相关的话，没有必要说明你的电脑技能水平，只需说明你能熟练使用办公应用软件就可以了。

4. 你想过要自己创业吗?

这是一个很难回答的问题，如果你的回答是"有这样的想法"，那么千万小心，下一个问题可能就是："那为什么你不做呢?"你要做好回答相关问题的准备。

5. 你在这类工作岗位上有何种经历?

这是展示你才能的最佳时机。但在你回答前，你必须绝对清楚对于应试者来说什么是最重要的。如果你不知道你在该工作最初的阶段将面对什么项目，你必须询问。你的认真思考和分析能力将得到尊重，你得到的信息将自然使你更加贴切地回答问题。但在描述你所取得的成绩时，要谦虚，切不可夸夸其谈。

6. 除了工资，还有什么福利最吸引你?

尽可能诚实，如果你做足了准备工作，你就知道他们会提供什么，回答尽可能和他们提供的相符。

7. 你都有哪些兴趣爱好?

这个问题看来很单纯，但是往往有更深一层的意义，这是面试官企图知道你的兴趣爱好是否会干扰你的正常工作。可以回答"我在休息时间喜欢踢足球，看看电影，但从未因此影响过工作"等，摆明自己的立场。

8. 你认为自己最大的缺点是什么?

回答这个问题时，绝对不要自作聪明地回答："我最大的缺点是过于追求完美。"有人认为这样的回答会显得自己比较出色，但事实上，这样的回答会把你推到一个危险的境地。每个人都有缺点，这一点我们很清楚，当被问及这个问题时，你不妨说出几个你的缺点来，但是注意不要选择对你将来的工作有影响的缺点。

9. 你会如何与上司相处？

"我重视的是工作和成果。我交际能力强，可以和任何人打交道。"你回答的主旨在于表现你交际能力强，心胸开阔，在处理与上司关系时，以服从公司利益需要为原则，绝不会因个人问题而斤斤计较。

10. 如果公司在职位方面有变动，安排一个与你应聘职位不同的工作，你能接受吗？

"我会感到遗憾，不过我还是乐意服从分配。我是基于对贵公司业务开展与工作作风的充分了解，才欣然前来应聘的，所以无论在哪个部门工作，我都会努力，况且我可以学到更多新东西。当然，如果今后有合适机会仍可以从事我所期望的工作时将很高兴。"当然，话不是绝对的，如果你觉得这样安排对你不适合，你可以委婉地说出自己的意图，让对方了解你对这个职位是最佳人选。

11. 依你现在的水平，恐怕能找到更好的公司吧？

"不可一概而论。或许我能找到比贵公司更好的企业，但别的企业或许在人才培养方面不如贵公司重视，机会也不如贵公司多；或许我找不到更好的企业，我想珍惜已有的最为重要。"

这类问题的特点是面试官设定一个特定的背景条件，让应试者做出回答，有时任何一种答案都不是很理想，这时就需要用模糊语言回答。

12. 如果另外一家公司也录用你，你将如何选择？

"当然还是希望到贵公司工作。对贵公司我已向往很久，若能给我一个机会，我是决不会放弃的。"

在未确定最后的归属时，回答这个问题是比较困难的，这时不能有丝毫的犹豫，还是应该强调自己希望进入现在应考的这家公司工作，并且要充满热情和希望。

巧妙应对离职问题

面试中回答离职原因的概率可以说是100%，对这个问题候选人要正面回答，不要绕，也不要回避。因为回避，会让面试官认为你有难以启齿的负面原因。如果绕着回答，面试官会认为你不爽快，对你性格和风格做出不利于录用的判断。

当你遇到类似问题时，切不可漫不经心地回答。对于一些普遍性的原因，如"大锅饭"阻碍了自身的发挥、上班路途太长、专业不对口、结婚、生病等人们都可以理解的原因，是可以如实道来的。但是有些原因在回答时一定要谨慎，千万不要随意地说出口，这会给你的求职带来阻碍。

ZHANG KOU BI YING

李新到一家新公司面试，不出意料地被问到了离职原因。

李新于是说道："我在原来的公司工作了两年多，各方面表现都不错，我认为自己可以晋升到一个更高的职位上。但是当我跟公司提出的时候，公司却冷漠地拒绝了我，要我再等两年。我觉得公司在晋升制度上并没有一个合理的考核制度和衡量标准，管理太过混乱，所以我决定离开。"

李新的这个理由可以说十分真实、具体，但是在不了解李新个人能力究竟如何的情况下，面试官有可能因为李新的回答中涉及了对原公司的消极评价而选择拒绝。但凡员工的晋级和加薪，都属于敏感区域范畴。李新由于自己晋级不成功，认为原公司的管理混乱，那么如果在新的公司里，他有可能也会因为这个问题而再次离开。

答好面试中关于"离职原因"这一题，往往没有标准答案，但是我们可以避免一些完全错误的答案。

首先，在态度上，你要认真对待这一题，预先做好准备。被问到的时候要态度诚恳地去回答这个问题，让面试官意识到你换工作不是一时冲动，而是经过深思熟虑，在认真分析之后，为了个人的事业生涯发展做出的理智决定。当然，更不是因为自身的能力和工作态度不正确而被原公司炒了鱿鱼。最重要的是，你要让面试官相信，离职的原因在这家公司是不存在的，所以你才会来此求职，并打算在这里好好地干下去。

其次，在具体的表达描述中，要避免把离职的原因说得太具体、太详细，尤其是不能掺杂自己的主观负面感受。比如"原来的工作量太大了，我觉得很辛苦，想换一个轻松点的""人际关系十分复杂，不光要做事情，还要应付各种关系让我觉得很累""公司的管理不到位，十分混乱"等等，这些都是你的个人主观感受，而且最重要的是，这些问题无论在哪家公司都有可能遇到，所以并不构成你离开原公司的有力理由。至于个人负面的人格特点，如懒惰、缺乏责任感、不诚实等，更不应当说出来。

薪水也可以成为离职的原因之一。毕竟我们的生活是需要金钱予以保障的，但这不仅是我们最关心的问题，基本上也是各用人公司很关心的问题。公司需要衡量它的人力成本，也许你足够符合他们的要求，但是你提出的薪资要求超出了他们的预算，那么也会遭到拒绝。所以，除非是你的薪水真的太低，否则尽量不要以此为理由。另外，类似于"我想换个环境求发展"之类的大话空话，也被面试官听得太多。如果不是实在想不出其他理由，也尽量少用这样的说辞。或是说家中临时有事需要请假一段较长的时间，但是原公司不允许，这样的理由还比较能被接受。

最后，在解释离职原因的时候，也可以适当为自己的个人形象添彩。比如"原来的公司马上要倒闭了，因为市场形势突然改变。我在那儿工作了三四年，到这一步实在是觉得很遗憾，但无论如何还是要面对现实，重新寻找可以发挥我的能力和经验的新平台。"

面试回答离职原因，应该从以下几个方面考虑：

最重要的是应聘者要使招聘单位相信，应聘者在过往单位的"离职原因"在此家招聘单位里不存在；

避免把"离职原因"说得太详细、太具体；

不能掺杂主观的负面感受，如"太辛苦""人际关系复杂""管理太混乱""公司不重视人才""公司排斥我们某某的员工"等；

不能躲闪、回避，如"想换换环境""个人原因"等；

不能涉及自己负面的人格特征，如不诚实、懒惰、缺乏责任感、不随和等；

尽量使解释的理由为应聘者个人形象添彩；

尽量采用与工作能力关系不大、能为人所理解的离职原因，如为符合职业生涯规划、上班太远影响工作、充电、休假、生病等。

在面试中，求职者要做的不是去寻找每一个问题的标准答案，而是要掌握其中的规律，了解一些最基本的避忌，在面试当场具体问题具体分析，灵活应对，这样才可以在面试中取得成功。

女性求职者如何面对敏感问题

现如今，许多女性在求职时，由于性别而使自己处于不利的地位，尤其是面临着结婚或者刚刚结婚的年轻女性，在面对一些敏感问题时不知如何作答，才能使自己顺利通过面试，求职成功。

陈兰到一家中外合资企业面试。经理对她的能力和工作经验都满意，但是担心她刚刚结婚怕她要小孩会影响工作。于是就问她："陈小姐，总的来说，我对你的各方面素质都很满意。不过，你已经成家这一点，公司方面还得考虑考虑。"陈兰听到这句话想了一下说："我认为您讲的有一定道理。如果我是您的话，可能也会这样想的。公司的任务重，工作忙，谁也不愿意员工为家事耽误了工作，但我现在还没有要孩子的打算。"随后，她话锋一转，"就算我决定要孩子，事情还可以从另外一个角度来考虑，也许我的想法不一定对，但还是想说出来请您指正，对公司来说，最重要的是要求职工有责任心。但是不当家不知柴米贵，不养儿不知父母恩，在生活中都没有经过责任心训练的人，能够在工作上有强烈的责任心吗？我想，一位母亲与一位未婚女子对生活、工作和责任心的理解是不会相同的。况且，我家里还有老人退休照料家务，我绝不会因家庭琐事而影响工作的，这一点我想请总经理放心。"

陈兰虽然具备了职业女性应当拥有的素质，且用人单位也表示满意，但用人单位基于她已成家等因素的多种考虑，起初不准备聘用她。总经理的话也直言不讳地透露了公司的意图。在大事不妙的情况下，陈兰并没有退缩和流露出畏难情绪。她首先肯定了总经理对她已成家可能影响公司工作顺利开展的顾虑，并且站在总经理的立场对自己的不足做了否定的态度表示，这使总经理颇感意外，并促使他的态度发生转变。陈兰在成功地促使总经理愿意继续倾听自己意见的基础上，又不失时机地转变话锋，从已婚女性和未婚女性二者具备不同的工作责任心和工作态度角度入手，阐述了作为母亲的已婚女性较未婚女性对工作更加负责，更具有工作责任感。一席话从心灵深处震撼了总经理，他开始赞赏陈兰说的话。陈兰趁热打铁，说明家务事有家人照管，不致因家庭琐事而影响公司的工作，打消了公司的顾虑。经过陈兰这么有理、有利、有节地一说，总经理也想明白了，而且十分赞赏她的敏捷思路，当时就决定录用她。

用人单位在考虑聘用女职员时，常担心婚姻和家庭会影响工作，所以面试时往往提出许多相关的问题。因此，只要你能回答好这些问题，就可以使你得到自己想要的工作。

1. 你如何看待晚婚晚育？

招聘者在提出这个问题时，是想知道你在工作与生育关系问题上持有什么样的态度。

你可以这样回答："谁都希望两全其美，但当两者不能同时满足的时候，我会以不影响我的工作和公司的利益为前提，理智地处理好这个问题。我的爱人是明事理的人，他一向都是很理解和支持我的，这一点请经理放心。"

2. 你更偏重于家庭还是事业？

"我觉得无论对谁来说，家庭和事业都是很重要的，缺少了哪一部分，他的人生都不完整。我会有自己的家庭，但同时我也认为现代女性最大的目标就是让自己活得有价值，工作对现代女性来说是很重要的。同时我相信我未来的先生也会支持我的事业的。"这样的回答看来很完美，但不见得是最正确的，你还需要根据自身的情况以及该公司的作风来灵活回答。

3. 如果公司派你到外地出差，你能够适应吗？

"公司安排我出差，是工作上的需要，我会服从公司的安排，而且我的家人们都很支持我的工作，如果家人有顾虑，我也会说服他们的。"这样回答会让对方觉得你很看重工作，但是也是有缺陷的，如果在你自身有事情不容许你出差的时候，你会很被动，所以话一定要说活，不能一味追求对方的好感。

4. 据我所知，你和你的男友分处两地，你有没有想过怎么处理这个问题？

"我之所以来这座城市，就是因为觉得这座城市的机会很多，这对我有很大的吸引力。我来之前也同我的男友商量过此事，如果我在这个城市找到发展自己的舞台，那么他也会到这座城市来寻找机会的。"面试官再问这个问题的时候，是想知道你会不会频繁地换工作，或者因为一些其他原因离职，因为每个公司都不希望自己培养的人才走掉，在回答此类问题的时候，你不必局限于上述回答，只要告诉对方你很稳定就可以了。

当然，女性在应聘中要面对的敏感问题形形色色，不可能只有这些。总之，我们在回答问题时要机智灵活，不要轻视那些看似简单的小问题，往往就是这些鸡毛蒜皮的小问题，使很多应聘者失去机会。

面试时不能说的话

许多年轻人在面试的时候，总觉得面试官和你交谈甚欢是对你有好感，便和对方说出很多话，你也许觉得这是真诚的表现，但是对方也会从这些话里捕捉到很多信息，这些信息也许会给你带来帮助，但也会给你带来阻碍。所以在和面试官交谈的时候，绝不能乱说话。下面给大家列举一些不能说的话题：

前任雇主的机密资料你不应该泄露

会让面试官认为你这个人不值得信任，他还会想："你可以泄漏前任雇主的机密资料，那以后也可以泄露我公司的资料，我可不敢用你，否则不是自己花钱雇一个间谍吗？"

关于性别或种族的偏见

你或许以为面试官与你志同道合而大谈特谈，其实这样做如同自掘坟墓，职场里不容许性别和种族歧视存在。

不要大肆夸奖自己的孩子

即使面试官桌上摆着自己的家庭照，你的口袋里塞满成沓的小孩照片，但谈论关于孩子的话题，也颇不符合面试的场合。

不要说为面试官取得某物或某种特殊商品的提议

比如说，"我能为你买到批发价的电脑"，或许是事实，或换了个场景会表现出你待人的热忱，可是在面试场合则格格不入，而且会显得你在贿赂他。

不要说你如何厌恶数学、物理等学科

虽然表面上看来似乎与此职位无关，但是擅长数理化等科目能够体现一个人的逻辑能力。

不要总是提大人物名号以自抬身价

比如说，总是炫耀你前任老板是个著名经济学家，你曾协助他做过什么经济方面的规划。假使你真的与某些社交名流为友，留心别造成你在吹嘘自己的印象。因为你不知道面试官对于此事的态度到底如何。

将面试官赞美得天花乱坠

即使你诚心佩服其人，在这种情况下，你的赞美可能遭到误解。当然，你可以这么说："与您面晤很愉悦，谢谢您！"

不要说与面试单位的某人是熟人

如"我认识你们单位的某某"，"我和某某是同学，关系很不错"等等。这种话面试官听了会反感。如果那人是面试官的上司或比面试官的职位高，他就会感觉，你是在用上级来压他，这样，即使你被录用了，以后的日子也不会好过的。如果面试官与你所说的那个人关系不怎

么好，甚至有矛盾，那么，你这话引起的结果就会更糟。

不说不合逻辑的话

当面试官问："请你告诉我你的一次失败经历。""我想不起我曾经失败过。"你如果这样说在逻辑上是讲不通的。又如："你能干些什么工作呢？""我可以胜任一切工作。"这也不符合实际情况。

不要说抱怨的话

千万不要在面试官面前抱怨。要知道，无论是什么样的面试官，都不会喜欢一个满腹牢骚的人。

面试时如何谈薪酬

ZHANG KOU BI YING

在面试的时候我们会不可避免地谈到薪酬问题，个人的薪酬是与其能力、作用、表现和贡献等息息相关的。所以在回答薪资问题时，不能逞匹夫之勇乱答一气，要事前做好准备，要有策略。在用人单位尚未了解你的情况时，开价过高，难以被用人单位接受；开价过低，吃亏的是自己。所以在讲薪酬之前你必须做到以下几点：

在面试前一定要了解该职位薪酬的普遍情况，了解该公司的政策；

切勿盲目主动提出希望得到的薪酬数目；

尽可能从言谈中了解，用人单位给你的薪酬是固定的还是有协商

余地的；

面试前设法了解该行业薪酬福利和职位空缺情况。

在明确了以上几点之后，你就要开始同用人单位讲薪酬了，那么该如何同用人单位讲薪酬呢？

在与用人单位协商薪酬的过程中，如果用人单位要你开价，那么你可以告诉他一个薪酬幅度。这就要求你对自己的薪酬要有个正确的估计，了解该职位大概薪酬标准，以便自己心中有数。同时别忘了，福利也是你应得的报酬，如医疗保险、养老保险、公积金、带薪休假和年底分红等。

假如面试时招聘者问你原来的薪资是多少，这个问题你一定要谨慎回答。你最好告诉对方："过去的工资不重要，关键是我的工作能力。"如果你目前薪资太少的话，直接回答不会给你带来好处的。

薪资谈判不能像其他谈判那样，一味设法提高你的条件，而对方就只顾压低你的价钱。把原来和谐的气氛弄成敌对的局面，这对你实在没有好处。如果对方有心压低你的薪酬，就会将话题转移到你上任后有何大计，如何扩大市场占有率或如何降低产品成本等，这样原来那种紧张敌对的状态，很快便形成同心协力的局面。这时，你应该充分展示你的能力和对未来工作的设想，这样一方面可以给对方留下好印象，另一方面你也可以据此提高你的薪酬要求。

公司都希望应试者对应聘的职位感兴趣，而非纯以金钱挂帅。因此，只要老板觉得聘你没有令公司损失，要争取高薪、福利并不困难。你可以谈论自己的才能、经验，要求老板让你承担多一点责任，甚至把职位提高，这样就有机会将你的薪酬提高。

以下是谈薪酬的一些小技巧：

1. 充分准备，提出薪酬约数

在面试前期要掌握公司的基本情况，比如应聘职位所处的行业、企业的规模，分析自身资历包括文化水平、工作年限、技能程度等，分析目前市场的薪酬水平，总结出自己的预期薪酬范围。

询问薪酬时可以提出一个约数或范围值，比如：底线薪酬为 6000 元，期望薪酬为 8000 元。也可以选择一个中档薪酬，比如：7000 元左右。

2. 寻找时机，委婉咨询

一般正规公司在面试后都会主动和求职者进行薪酬谈判，如果没有谈可以在最后一轮面试时委婉咨询。

企业在面试结束前都会问面试者想了解哪些问题，此时不提，更待何时？但不妨说得委婉些："我想了解一下企业的薪酬体系，可以简单介绍一下吗？"面试官明知你的小算盘，也会整体介绍。如果依然不清楚，还可再问："公司除了工资还有哪些奖金、福利？"从对方的回答中，再对照自己的期望薪酬，最终提出合理薪酬。

3. 察言观色，适可而止

在面试中提及薪酬问题时要察言观色，坚持适可而止的原则。比如：当问到薪酬、福利等敏感话题时，招聘人员皱了皱眉，表示不方便透露时，你可以说"请简单介绍一下公司的薪酬体系，方便我做选择"。对于自己意向很强的企业，对方要求提供期望薪酬，也可补充一句："我相信公司肯定有完善的薪酬体系，会根据我的资历给予合理的薪酬。"

现代社会，随着人们经济观念的不断增强，现在人们求职已经不像从前那样对于薪酬难于启齿。很多人已经将薪酬作为求职的重要甚至第一标准，这本无可厚非。但是，不要对你即将面对的工作环境以及是否能够实现你的个人价值等因素都表现得无所谓，那样的话，面试肯定会以失败告终。

第6章

会说话才能左右逢源同事间

　　假如把企业比作一部机器，员工就是机器的各个零件，沟通则相当于润滑剂。如果职场员工孤立于群体之外，即使个人能力再出色，也会导致企业这部机器产生故障。企业停滞不前甚至瘫痪了，还谈什么个人发展？况且，企业诊断故障时，很可能更换掉你这颗"零件"。此外，在与同事的交往过程中，只有掌握了有效的沟通技巧，才能化解矛盾与冲突，得到更多人的信任与帮助，工作起来才能得心应手。反之，如果与同事的人际关系恶劣，结果必然是众叛亲离，阻碍个人事业的发展。

以宽容的心激活你的职场

在办公室中，我们经常会遇到一些不愉快的事情，尤其是年轻人，遇事冲动，有矛盾的时候，通常都不会相互容忍，最后导致矛盾升级。

俗话说："忍一时风平浪静，退一步海阔天空。"如果遇到同事冒犯你，或者你们之间有矛盾，最好能够宽容待人。谁都有做错事的时候，宽容地对待他，彼此都能"海阔天空"。

职场中，每个人的年龄层次、知识水平、教育背景等各不相同，大家的言行举止也千差万别。在工作过程中，难免会发生一些磕磕碰碰的事情。这时候千万不要将别人的过失放在心上，尤其是无心的错误。其实宽容了别人，就是善待自己。一句宽容的话，一个善意的眼神，以宽容、理解的心态与同事沟通，我们就会得到更多的信任和支持。

孟迪是一家公司策划部的员工，工作非常敬业，大家都称他为"拼命三郎"。有一天，经理想找孟迪商讨一个重要的设计方案，但给他打了好几次电话都无人接听。无奈之下，经理叫来秘书小玉，让她去请孟迪来自己的办公室一趟。

小玉来到孟迪的办公室，敲了好几下门，都没人答应。小玉一边想着孟迪究竟到哪里去了，一边下意识地推开了门。原来，孟迪正在办公室里聚精会神地设计图纸呢！小玉急切地说："我刚才敲门没人答应，经理找你有急事，打了好几个电话你都没接……"

孟迪被突如其来的声音吓了一跳，他猛地抬起头，一只手不小心将放在桌子旁边的咖啡杯打翻了。瞬间，咖啡溅到设计图纸上。孟迪非常恼火："谁叫你进来的？你怎么不敲门就闯进来了，你看看我的心血都白费了！"

小玉先是一愣，但是很快就平静下来了。她觉得自己并没有什么错误，孟迪打翻咖啡杯是他自己不小心。小玉没有冲孟迪发脾气，而是耐心地将事情的来龙去脉告诉了他，并且说明自己不是故意推门进来的。

孟迪与经理商讨完设计方案之后，觉得刚才对小玉的行为有些过分，于是向她真诚道歉。经过这件事情后，两人的关系变得非常融洽。

在工作中，我们常常会遇到孟迪这样的同事，明明是他自己错了，反而埋怨别人。不过小玉并未斤斤计较，而是大度地宽容了他，这样反而赢得了同事的尊重。

以宽容的心态与同事沟通，不仅仅体现在日常交往之中，如果在竞争过程中也能够以宽容的心态对待同事，就更容易建立和谐的人际关系。

ZHANG KOU BI YING

米佳和郝秀秀在同一家公司任职。公司最近有一个部门经理的位置空缺，很多人都想竞争，其中米佳和郝秀秀的希望最大。虽然米佳的综合实力更胜一筹，但最终还是郝秀秀如愿以偿，其中最主要的原因是郝秀秀和老板有亲戚关系。

同事们都为米佳叫屈，但是米佳对大家说："郝秀秀担任部门经理更合适一些，可能大家对她不太了解，她身上有许多优点，我自愧不如。"此外，米佳还主动向郝秀秀表示祝贺，米佳的宽容让郝秀秀非常感动。在年终的部门考核中，米佳成绩最好，在郝秀秀的推荐下，米佳获得了出国培训的机会。

人往高处走，水往低处流。职场中的每一位员工，都希望担任更高的职务。面对竞争，胜固可喜，败亦欣然。米佳以宽容之心对待同事郝秀秀的升迁，这是一种明智的做法。如果米佳到处抱怨，背后说郝秀秀的坏话，甚至找上司讨说法，那样只会自讨没趣。永远保持宽容的心态，才能与同事建立起牢固的友谊。

在实际工作中，要想宽容待人，与同事良好沟通，职场员工应做到以下三个方面。

1. 努力寻求共同点

假如同事向我们表达了不同的意见，首先应该考虑同事的提议中哪些是合理的。双方在一致意见的基础上，再展开讨论，这样沟通起来就容易多了，同事之间就能够达成共识。

2. 控制自己的脾气

人在职场，时刻要提醒自己：发脾气解决不了任何问题，而且很可能激怒对方，加剧对方的对抗心理。只有控制自己的脾气，才能以宽容的心态与同事沟通、交流。

3. 放缓工作的进展速度

如果同事之间的看法出现了很大分歧，这时候应该放缓工作进度，充分考虑工作的发展方向，并且反复求证反对意见是否可行。在经过反复论证、思考之后，往往会找到正确的工作方法。

拿捏好与同事说话的分寸

在职场中，同事每天见面的时间最长，而谈话所涉及的内容也是多种多样，同事间说话不适宜，就会给你带来很多麻烦。所以和同事说话一定要把握住分寸，说话恰到好处才能和同事友好相处，互帮互助。

公私要分明

在职场中，虽然我们需要去注重和同事之间的关系，但是如果涉及公事时，必须要将公事和私人关系分清楚，尤其是在说话时，更要划清公私界限。

小周和小孙分属公司不同部门，两人关系非常要好，一天小周在上班时间跑来找小孙，小孙奇怪地问道："你怎么工作时间跑来找我了？"小周回答道："小孙，我们部门现在有个计划，希望与某公司合作。可我在那公司没熟人，我知道你和那公司经理很熟，所以想让你做个中间人，帮忙说几句话，事成后，绝不会忘了你的！"小孙听后感到很为难，直接回绝怕小周不高兴，答应的话属于把公事和私交混在一起。于是，小孙对小周说："其实这事倒不难，我是认识那公司的经理，不过，他这段时间在休假，而你们的事又比较急，我怕等他回来，你们的计划就耽误了。"小周一听就明白过来了，随后小孙又说了句："我听说那公司的老总不错，你可以直接找他谈谈。"

其实，小孙的朋友并没有去休假，他这么说只是不想把自己搅进去。自己和小周不是一个部门的，插手其他部门的事，怕自己的上司不高兴。而且如果办不成的话，反倒影响了自己和小周的关系。

如果当你遇到这种用私交来办公事的情况，你一定要遵守公私分明的原则，这样才不会危及大家的情谊。

有同事打听你的薪水怎么办

一般领导都不喜欢职员互相打听薪水，因为同事之间工资往往有不小差别，因此一般领导发薪时都是单独联系，从不公开数额，而且会叮嘱别让他人知道你的薪水。

首先你不要做这样的人。其次如果你遇到这样的同事，当他把话题往工资上引时，你可以这样打断他："好像公司有纪律不谈薪水。"如果来不及阻拦被对方问出口，你可以用外交辞令冷处理："对不起，我不想谈这个问题。"只要拒绝一次，相信对方也就不会再谈论。

新旧公司勿比拼

在职场中，关于新旧公司对比的话题，无论孰强孰弱，老板都不会爱听。如果你说"我原来的公司是大牌，那里的管理水平高，工作环境比现在好，效率比这里高……"老板可能会立即拉下脸讥讽你："那么好，你就回去吧。"即使老板不在场，同事其实也不爱听你回忆昔日荣光，贬损公司，同事很容易以为你在看低他。

不可当众揭短

有些人喜欢当众谈及他人隐私、错处，在职场交流中，如果不是为了某种特殊需要，一般应尽量避免接触这些敏感区，以免使对方当众出丑。至于一些纯属隐私或非原则性的错处，最好的办法是装聋作哑，不要去追究。

避免正面争吵

在职场中，可能你会偶然发现有熟识的同事，在你背后说你的不是和缺点，甚至散播谣言，这时候，你千万要控制情绪，冷静对待，不要当面质问："你凭什么在背后说我的坏话？"或说"你这小人！"等不理智的话，这样对谁都不利。

保守公司的秘密

在和同事交流时，一定要防止自己将公司的秘密泄露出去，说到关于公司的事，应首先在头脑中绕几个弯子，心中有所计较再开口说话，这样才能不损害公司利益。

ZHANG KOU BI YING

乐乐是一个踏实肯干的女孩子，总能很好地完成领导交待的任务，所以领导对她很器重和信任，时不时会将一些较为复杂的工作交给她去做。更让她自豪的是，只要一从领导办公室出来，同事们就会对自己亲热起来，问长问短。原来，大家总想从她口里得到有关公司的一些机密，而为了和大家打成一片，乐乐就把公司的一些事儿告诉了大家。

可是，慢慢地乐乐发现如此的做法并没有赢得同事的喜爱，甚至一些同事在背后说："一个连老板都敢出卖的人，估计不是什么好人，谁敢和她走得近……"听到这种话，乐乐欲哭无泪，也很心寒。

如果你遇到同事询问公司秘密，你可以这样说："其实我也不知道，领导只是找我问了一下工作状况，很多事情说实话我也迷迷糊糊的。"这样做相信同事都会明白你的意思，同样不会因为此事而影响彼此感情。

如何说才能让新同事喜欢你

在职场中，难免会出现调任或换工作的情况，若你想要尽快融入新的环境，让新同事喜欢你，就要学会和新同事说话的技巧，让你的新同事知道，你需要他们的帮助，你需要他们的友谊，这样新同事才会更快地接纳你，从而成为你职场的助力。

主动向同事讨教

刚进入新的环境，不论你的工作能力如何，都需要主动向经验丰富的同事讨教，这不但能够让你更快地熟悉工作，也容易得到新同事的认可。

某单位同时调进了两个人，其中小刘性格开朗，爱说爱笑。而小李总是一脸严肃，沉默寡言。小刘虽然看似开朗，爱说爱笑，可是却目中无人，来到新单位许久，不仅没有拜访过任何一位同事，而且，工作中也从不向别人讨教。一段时间后，大家都认为：小刘能调来，一定是走了路子，我们干了这么久，还需要互相请教、学习，可他却从不向我们请教。时间一长，同事们都开始对小刘敬而远之。

而小李在办公室虽然很少寒暄，但工作之余，总会向同事问长问短，逐家拜访、了解，打听新环境、新单位的一些情况，顺便也提出了许多工作上的问题。所以没过多久，小李就与同事们混熟了，工作起来更是如鱼得水。

谦虚主动的讨教能带给新同事一定的满足感，也可以迅速拉近彼此的关系。小李虽然不善言谈，但是通过这种方法得到了新同事的喜爱。

用"您"获得信任

面对新同事，用"您"来称呼对方，不但表现了你对他们的尊重，也能够得到对方的尊重和信任。比如："如果您遇到这个问题该如何解决？""您好，这本账本能让我看一下吗？"

生活中拉近感情

在工作之余，你可以多和新同事谈及生活，从而拉近感情，比如可以这样说："小孙，你好！冒昧打扰实在不好意思。不麻烦你吧？我也没什么事情，就是来你这儿随便坐坐，我刚来新单位，也没有熟悉的朋友。我们在一起工作，所以就不自觉地走到你这儿来了。""平时上班时间，忙忙碌碌，也没空儿深谈，你来这个城市多久了？你对这儿一定很熟悉吧。""原来，你的业余生活还挺丰富的，桥牌、麻将、钓鱼、下棋样样都会。杀一盘怎么样？让我也好向你学几招。"

在职场中，面对新同事，只要你诚恳、虚心、主动地向他人伸出友谊之手，你的新同事也一定会张开双臂欢迎你。因为你的主动和诚恳不但尊重了他们，也让他们感觉到你的勤奋和谦虚，自然能够快速地和他们交上朋友。

在职场记得给嘴留个把门的 ZHANG KOU BI YING

中国有句古训："逢人只说三分话，未可全抛一片心。"在办公室这种人际关系特别微妙的地方——一天中有三分之一的时间与你的同事抬头不见低头见，尤其当这种关系能左右你的升迁、职场命运时，怎能不小心谨慎？嘴上多个把门的，以避免祸从口出，这是百利而无一害的。否则，三寸之舌虽不致招来杀身之祸，却也常常捅出娄子。

某公司销售部经理白英初次来办事处指导工作，中午请同事一起吃饭，席间说到副总吴小莉刚刚离职，办事处的一位新来的女员工张佳接过话头说："副总这人脾气不好，很难相处。"白英说："是吗？是不是工作压力太大了？"张佳说："我看不是，三十多岁的女人嫁不出去，既没结婚也没男朋友，都是这样心理变态。"

听闻此言，刚才还争相发言的人都闭上了嘴巴。因为，除了张佳，那些在座的老员工可都知道：白英也是待字闺中的"剩女"！好在一位同事及时扭转话题，才抹去白英隐隐的难堪，而事后得知真相的张佳则为这句话悔青了肠子。

由此可见，语言就是这么个东西，当你没有说出口的时候，你是它的主人，一旦你说出来了，就成了它的奴隶，因此古人告诫我们"言谈莫论人非"，可以将其深化为"言谈莫论人"，因为少了一个"非"字，也就少了失言的机会。

所以，办公室流行一句话："多吃饭，身体好；少说话，水平高。"尤其是新人，初来乍到最好少开口，言多有失。沉默寡言固然给人不合群、孤僻的感觉。但是与喋喋不休的人比起来，后者更令人讨厌。

比方说，最近的报纸报道揪出一个贪官，如果你大放厥词，口无遮拦地进行猛烈抨击，有人认为你是在含沙射影、指桑骂槐。你在表明自己爱和恨的同时，实际上是在孤立自己，很有可能成为他人，尤其是领导设防的对象，要议论就议论美国的克林顿，伊拉克的萨达姆。所以经过办公室的历练后，人人都会把握住"说古不说今，说外不说中，说远不说近"的原则。要知道，在办公室里有些话不该说，有些事情不该让别人知道，例如：

家庭背景是否会对你的工作产生大的影响？

你与某些亲人或者朋友的关系是否不宜让别人知道？

你的历史记录是否会影响别人对你道德品质的评价？

你的一些与众不同的思想是不是会触动一些敏感的神经？

你的生活方式是否有些与传统相悖？

你与老板的私交是否可以成为公开的"秘密"？

你与公司上层的某些私人渊源一旦曝光，会给你带来障碍还是好处？

作为一个职业人，个人的一切资料，比如年龄、学历、经历、爱情、婚姻状况等要分"公开"与"隐私"两大类。通常在办公室里不宜公开谈论以下话题：

不要在公司范围内谈论私生活，无论是办公室、洗手间还是走廊；

不要在同事面前谈和领导超越一般上下级的关系，尤其不要炫耀和上司及其家人的私交；

即使是私下里，也不要随便对同事谈论自己的过去和隐私，除非你已经离开了这家公司，你才可以和从前的同事做交心的朋友；

主动远离敏感话题，奖金多少，升迁猜测，对领导的牢骚和对公司制度的不满，都是危险话题，你的发言很可能被人添油加醋，传回领导的耳朵里，自己却连个申辩的机会都没有。

当然，人长了嘴巴就是要说话的，但说话一定得看场合，看时机。如果说话不看场合，不讲究方式方法，不负责任地在背后瞎说，毫无根据地怀疑猜测，不经调查地轻信乱传，东拉西扯地闲言杂语，不分责任，不考虑结果，往往容易惹出是非和麻烦来。

所以要切记，在办公室这个是非之地，一定要把好口风，什么话能说，什么话不能说，都要在脑子里多绕几个弯子，心里有个小算盘，这样才能够与大家和谐相处，避免犯下不可挽回的错误。

这样开口求同事最成功

俗话说："一个篱笆三个桩，一个好汉三个帮。"作为一名职场员工，无论在工作中，还是在生活上，都会遇到各种各样的困难。有时候仅凭自己的力量很难解决问题，这时候就需要取得同事的帮助。然而"求人难，难于上青天"，我们该如何开口向同事求助呢？

烘托气氛，以真情打动同事

我们与同事在同一家单位上班，感受同一种压力，工作中相互配合，时间长了自然会产生感情。只要我们运用恰当的语言说出所面临的困难，一般都会得到同事的帮助。

ZHANG KOU BI YING

公司员工小乔马上就要结婚，这几天正为新房装修的事而犯愁：还差两万块钱。小乔考虑良久，决定求同事杨大姐帮忙。

星期天早晨，小乔拨通了杨大姐的电话。对方刚说"喂"，小乔就以非常热情的口气说："杨大姐，我是小乔。您最近挺好吧？"

杨大姐说："哦，还好，只是腰疼的老毛病又犯了。"

小乔说："那您一定要注意啊，别坐太软的椅子。听说有家医院专门治疗腰疼，下周日我陪您去检查一下。对了，孩子怎么样……哦，孩子像您，非常聪明啊！"

小乔与杨大姐聊了半个多小时，这才抓住机会进入主题："您问我怎么样？唉，别提了，房子装修还缺两万块钱。本来打算求您帮忙周转一下，可是您总是照顾我，所以怕给您添麻烦，一直没好意思开口。"

杨大姐说："小乔你不用太客气，大家都是同事嘛。谁都会遇到困难，大姐帮你这个忙。"

从例子中不难看出，小乔平时就注重与同事建立良好的人际关系。向同事求助时没有直奔主题，而是先烘托气氛，对同事嘘寒问暖，目的是以真情打动对方；最后提出帮忙请求，对方便不好意思拒绝了。

态度诚恳，说明自己面临的窘境

人们都具有同情心，如果向同事倾诉自己的实际困难，他们一般都会伸出援手。

某工厂决定对单位的空地实行绿化，各部门分摊任务。财务部门负责办公楼前的绿化工作，经理安排出纳小赵组织同事完成任务。在小赵的动员下，大部分同事都愿意配合行动，只有几名老员工倚老卖老，以各种借口不肯接受任务。最后，小赵对他们说："求求各位前辈了，我刚来单位没多久，连经理安排的这点任务都不能完成，以后恐怕没办法待下去了。我的处境实在困难，请你们帮帮忙吧。"

看到小赵态度诚恳，而且确实没办法向经理交待，几位老员工纷纷表态："好吧，我们不为难你了。"

一句充满人情味的请求，比长篇大论更有效果。小赵以诚恳的态度，再加上说明自己的处境，终于让几位老员工配合工作了。

运用激将法

求人帮忙者一般处于弱势地位，应该尽量使用谦恭的语气与对方沟通，但是真正的沟通高手，却不用低三下四去央求别人，他们会采用激将法促使对方主动帮忙。在这方面，诸葛亮堪称典范。

赤壁大战之前，诸葛亮准备联吴抗曹。他对孙权说："孙将军，你要分析形势，现在曹军南下，要么积极抵抗，要么赶快投降。如果等待观望，就会错过最佳时机，大祸就要临头了。"

孙权反问："那你家主公刘备为什么不投降呢？"

这时诸葛亮采取了激将法："我家主公是汉室宗亲，当世英雄，前来投奔他的人像滔滔江水，连绵不断。这种英雄人物即使失败了，也是天意不扶。他怎么会像凡夫俗子那样去投降敌人呢？"

孙权站起来，说："我也是当世英雄，手下兵多将广，早有抗曹的决心。"

诸葛亮仅用寥寥数语就把孙权激怒了，答应与刘备联手抗曹。后来孙刘联军在赤壁之战中大破曹军。

利用同事的兴趣，让其主动帮忙

一个人对某件事情感兴趣，做起来会积极主动。假如没有兴趣，即使强迫让他去做，他也是心中极不情愿。充分明白这个道理，我们就可以利用同事的兴趣，让他帮忙完成某项工作，处理生活中的一些事情。

周五那天，某公司业务部员工卢先生和一位客户约好，下班后在一家咖啡厅见面，商谈产品购销事宜。正准备出发时，忽然想起妻子嘱咐他买两张篮球赛的门票，原打算明天休息时去观看比赛。现在时间已经来不及了，怎么办呢？卢先生略一思忖，想出一个办法。他来到同事小周面前，说：

"小周，听说你对篮球非常感兴趣，是吗？"

"是啊，您怎么想起问这个来了？"

"明天上午体育馆有一场篮球赛，你知道吗？"

"不知道啊，咱俩明天一起去看吧。"

"太好了，下班后你去买三张门票，我明天带着你嫂子，让她也凑凑热闹。"

"好，我与嫂子从未谋面，正想见见她呢。"

卢先生三言两语就让小周帮忙办了一件小事。虽然是工作之外的小事，但如果不是利用同事的兴趣，而是直接请求，即使小周碍于面子不好意思拒绝，恐怕心中也会产生一些牢骚。

使用柔和的语调

有些员工与同事沟通时，其本意是好的，但是由于语调过于生硬，很容易引起对方的反感，建议使用柔和的语调请同事帮忙。但是并不意味着说话要像女人腔似的，柔声柔气，而是用委婉的、商量的语气，这样才能使对方感到我们有求于他而且尊重他，他才肯帮忙。

比如我们的亲人患病住院了，手头缺钱，只能向别人暂借。这时你可以说："我的亲人生病住院，还缺 2000 元住院押金，不知你手头宽裕不宽裕？下个月领了薪水立即还你。"

采取这种柔和的语调，同事只要力所能及，一般都会帮忙。

有些业绩不菲的员工养成了自以为是的说话语调，即使求别人帮忙，说话也像老板那样拖腔拉调，哼哼嗯嗯。他们认为这样能体现出自己高人一等，实际上别人会感到很不自然，从而产生一种本能的抵触情绪。

梁蕊蕊是一家广告公司的资深业务员，性格开朗，待人热情，但是说话语调有些尖厉，给人一种盛气凌人的感觉。有一次，梁蕊蕊请同事帮忙，本想自己平时帮助过他，他肯定也会帮助自己。但出乎意料的是，同事拒绝了。后来那位同事对别人说："我很想帮助梁蕊蕊，但她好像是命令我似的，因此……"

显然，梁蕊蕊由于说话的语调不合适而导致沟通失败。由此可见，求同事帮忙时最忌讳高高在上的神情以及傲慢的腔调。如果以谦逊的态度和委婉的语调与他人沟通，则会取得截然不同的效果。

同事抢功有话术

ZHANG KOU BI YING

现如今，社会竞争激烈，我们身处职场，无时无刻不在想着如何做好工作，取得成绩来使自己得到升迁，使自己的收入增加。

大多数人都尽心尽力地埋头苦干，只希望自己的成绩能得到肯定。但是，办公室是一个很复杂的地方，也有些人总是在打着自己的小算盘，利用别人的信任和自己的心计来窃取别人的劳动成果，这样的人被称为"摘桃子"的人。

如果遇到这样的人，先不要和他正面冲突。如果你跑去和对方争辩，这样只会让你的上司感觉你是个斤斤计较的人，反而给你带来不好的影响。这个时候，你要巧妙地利用你的语言技巧，迂回地揭露对方的真面目，使你的上司看到真相。

崔强在一家房地产公司做销售主管，刚进这家房地产公司时，为了得到公司的认可，他几乎成了工作狂，每天躺在床上还在为公司想点子。他的首次策划就得到了经理的赞赏，赞为"有创意，很新颖"。

有一回，崔强很满意地完成了一个策划书交给经理。谁知第二天经理找到崔强："我本来很看重你的才华和敬业精神，没有新点子也没什么，但你不该抄袭其他同事的创意。"经理递给崔强一份策划书。这份策划书和崔强那份惊人地相似，而策划人竟是杨志。面对经理的不满和杨志的"心血"，崔强哑口无言，因为他拿不出任何证据来证明自己是清白的。

机会终于来了，崔强接了个很重要的案子。这回，崔强从自己的新点子里筛选出两个方案，做出 A、B 两份策划书，明里还是不避杨志，在办公室里大做 A 策划书，但暗地里已把 B 策划书做好并交给了经理。果然，不久之后，杨志交上了一份和 A 策划书颇为相似的文案，明白真相后的经理非常恼火，他请杨志另谋高就，而崔强的成果也保住了。

与上述案例的情形类似，很多公司都曾经发生过同事之间互"偷点子"的状况。通常点子都是来自于"灵光乍现"，如果有同事用了你的创意，也不用紧张，因为背后需要很多自己的想法、逻辑与佐证资料等等来说服你的领导。而偷点子的人不一定有完整的想法，再加上逻辑与思考会因为每个人想法不同而有所差异，这正提供了许多不一样的机会。

面对同事抢功，有时候确实让人防不胜防，如果你的功劳已被人抢走，此时的你不妨采取以下对策：

1. 用短信提醒对方

给抢功的同事发一个短信，首先短信的主要目的是要委婉地提醒一下对方，自己当初随便提出的想法，是怎样演变到今天这个令人欣喜的样子，同时还要保证短信内容一定不能让对方感到不快。在短信中适当的地方，你可以写上有关的日期、标题，可以引用任何现存书面证据。在短信最后，你可以建议与对方进行一次面对面的讨论，这是很重要的，这能让你有机会再次强调一下你的真正意思：这个点子是你想出来的。

2. 赞美抢你功劳的同事，重申功劳是自己的

你在说这番话的时候，要再一次对该同事的独一无二的才能和见解大加赞赏。这种方法对职业女性来说特别需要。研究发现，女性员工喜欢从"我们"的角度，而不是"我"的角度来做事，所以她们的想法和创意常常会被其他同事挪用。当你觉得这个想法比较适合应用时，要早点行动，如果等其他同事把你的想法散布开后再行动，困难就大得多了。

3. 退出争夺战

这是最无奈的办法。在做出决定时，应该考虑一下，要打这场"官司"得花费多少精力。如果超出你的承受范围，或者代价太大，还不如退出。而且，很多真相随着时间的推移也会明了。所以，在这些情况下退出争夺战显然是明智之举，是上上之策。

爱抢功的同事确实可恶，但你也别忍气吞声，而要积极把握时机，主动出击，把握进退，为捍卫个人的利益而战。

同事之间也要说点场面话

与同事相处，学会说点"场面话"必不可少，这不是罪恶，也不是欺骗，而是一种生存智慧，为什么这么说呢？

试想一下，如果你心里对某个人很佩服，但是嘴上却没有表达出来，那么对方一定不会感觉到你对他的这份情意，自然你和他的关系也不会变得十分密切；相反，如果你对某个人心中并没有多少好感，但总能抓住时机适时"捧"上几脚，那么你们的关系一定会变得亲近起来，这是人之常情。所谓"好汉出在嘴上"，说的就是这个道理。

一般来说，"场面话"有以下两种：

一是当面称赞人的话

比如，某天你出门偶然遇到你的同事带着小孩一起逛公园，你可以走上前去，打个招呼，逗小孩子玩玩，然后再把他的小孩子大大夸奖一番，并称赞同事教子有方……这种场面话，有时说的是实情，有时与事实有一定的出入，但只要不太离谱，听的人十有八九都感到非常高兴，而且周围人越多说起来效果越好。

二是当面答应人的话

诸如"我全力帮忙""有什么问题尽管来找我"等。这种话有时是不说不行，因为对方运用人性的压力，当面拒绝，场面会很难堪，而且会马上得罪一个人；若对方缠着不肯走，那便很麻烦，所以用场面话先打发，能帮忙就帮忙，帮不上忙或不愿意帮忙再找理由，总之，有"缓兵之计"的作用。

有句老话"伸手不打笑脸人"，适时说些场面话或者客套话，有着意想不到的作用。你会很快发现，你的同事再见你时比平日亲热了许多，这正是你的场面话得到的回报。说实在的，谁不喜欢有人喜欢自己、欣赏自己呢？

小李换了一个新发型，她把一头蓄了几年的长发剪成了齐耳短发，同事们都齐声称赞她的短发清爽简洁，小李在这赞美声之中，对理发师的怨气一股脑儿全消了。"我剪完头发，觉得一点都不像我理想中的模样，气得我当时就想跟他吵一场，理论一番，怎么给我做成了这样的发型？这不愉快的心情带到了今天上班，甚至有一个客户来找我，我当时还有些气在心里，平时对客户很有礼貌的，今天不知怎么就看那个客户不顺眼！差点跟他发火，今天听了这些好听的话，不知不觉气就消了，心里也觉得顺畅了，看客户也觉得顺眼了，真希望你们能够天天说让我开心的话！"

场面话当然不只以上所举的例子，怎么说也没有一定的标准，要看当时状况决定。不过切忌讲太多，点到为止最好，太多就真的虚伪而且肉麻了，而且说场面话时，最好选择事实来发挥，不要无中生有，否则会弄巧成拙。

总而言之，场面话就是感谢加称赞，如果你能讲好场面话，对同事间的人际关系必有很大的帮助，你也会成为受欢迎的人。

这样批评同事最有效

职场中每一位员工的言行都不可能完美无缺，有时会出现一些疏忽，有时会出现一些闪失，这都是不可避免的。作为朝夕相处的同事，当我们发现别人犯了错误提出批评时，一定要讲究沟通的方法。如果方法不当，往往会产生以下两种结果：一是让对方坐立不安，满脸通红，甚至流下眼泪，处境非常尴尬；二是对方并不听从我们的批评，反而像刺猬受到攻击一样，竖起全身的刺，恼羞成怒："你以为你是谁？凭什么对我的工作指手画脚？"

究竟该如何批评同事，既能让对方欣然接受，又不影响我们的人际关系呢？这就需要我们掌握以下沟通技巧。

暗示批评法

暗示批评是指在对方没有产生对抗情绪的基础上，用含蓄、间接的方式对人的心理或行为产生影响，使其产生与暗示内容相一致的结果。

小吕是一位文学爱好者，业余时间喜欢写一些文章。有一次，小吕写了一篇报告文学，投稿之前让一位水平较高的同事孔先生过目。孔先生发现这篇文章不太符合报告文学的文体，便说："你这篇文章如果投到《××月刊》，肯定会受到编辑的好评。"小吕马上明白了这篇文章并不是报告文学，于是在孔先生的帮助下重新进行了修改。

孔先生发现了同事小吕的错误，没有直接指出来，而是通过暗示的方法，让其自己领悟。这样比直接批评显得委婉一些，对方更容易接受。

下不为例法

在某种情况下，同事工作中出现问题，我们可以用宽容的心态来对待，但是要告诉对方下不为例。

ZHANG KOU BI YING

公司职员小凯与阿华共同负责一个项目的策划方案。由于小凯工作拖拖拉拉，每次都不能按照计划完成任务。为此，经理对他俩的工作态度及能力非常不满。阿华觉得再这样下去，恐怕两人都得被炒鱿鱼，他必须与小凯谈一谈。

阿华是这样说的："小凯，我知道你最近工作很忙，所以没办法每次都严格按照计划完成策划方案。其实我觉得偶尔一两次倒无所谓，只要以后尽量按时完成就好了。下不为例啊！"

小凯点点头，以后再也没出现过类似事情。

例子中，阿华先说"偶尔一两次无所谓"，相当于已经宽容了小凯以前的过错，这样小凯就不好意思再犯类似错误了。阿华运用了一个小小的沟通技巧，便达到了批评同事的目的。

提出建议法

如果与我们合作的同事不能顺利完成工作，我们不必直言批评，可以向其提出建议。既可以表示我们的不满，又能促使对方改进工作方法。

比如，同事找出这样的借口："我知道这份订单非常重要，但是时间太紧张了，恐怕不能完成。"

这时我们可以说："能不能想个其他的解决办法呢？"或者说："如果时间太紧的话，我们加几天班吧，单位许多同事任务繁重的时候，都会加班的。"

承认错误法

王先生是一位年纪较大的工程师，最近由于工作繁忙，公司委派史小姐做他的助手。史小姐参加工作时间不长，经常犯一些错误。有一次，王先生真想批评她几句，但转念一想，她年纪小，缺乏工作经验，于是改用温和的语气说："你现在犯错误是难免的，我在你这个年纪的时候，犯的错误更多。随着年龄的增长，你的能力一定会得到提高。人嘛，都是在不断改正错误的过程中成长起来的。"史小姐非常诚恳地接受了王先生的意见，以后工作时犯错的情况越来越少了。

王先生先承认自己也犯过类似错误，从心理上拉近了与史小姐之间的距离，因而他的批评更容易让同事接受。

批评时强调正面意义

鲁明和苗霞既是同事，又是恋人。有一天下班后，两人和苗霞的几个朋友一起吃饭。席间，鲁明口若悬河，大谈特谈自己的能力和业绩。当别人发表意见的时候，鲁明常常插嘴打断对方。苗霞非常生气，批评他说："你少说几句行不行？别人讲话你老插嘴，太不尊重他人了吧？"

鲁明当众受到训斥，觉得非常丢面子，反驳了几句，最后大家不欢而散。后来苗霞经过反思，认识到自己批评鲁明的方法不太恰当，心中产生了一丝悔意。

不久，鲁明又在朋友聚会时高谈阔论，苗霞没有当场指责。宴席散了之后，苗霞对他说："如果你不那样独自占用所有的讲话时间，我会更喜欢和你在一起。我说话的时候不喜欢被别人打断，其他人也有同感。你已经养成了打断别人说话的习惯，一时不容易改掉。以后遇到这种场合，我眨眨眼睛提示你，你尽量控制一下自己。这样大家就会更加乐意与你交往。"

鲁明接受了苗霞的批评，渐渐改掉了以前的不良习惯。

苗霞第一次批评鲁明的时候，强调了反面结果（指责他不尊重他人），鲁明出言反驳，沟通失败。第二次苗霞使用了强调正面意义的沟通技巧（如果改掉不良习惯，我和其他朋友将更加喜欢你），对方受到鼓励，便痛快地接受了她的批评。

假设对方观点正确，由此引出谬误结果

由于业绩喜人，某公司的苏先生不仅获得丰厚奖金，而且被提拔为部门经理。渐渐地，苏先生有些看不上自己的妻子，打算离婚。同事方先生得知此事，劝他不可鲁莽行事。苏先生振振有词说："现在我的地位提高了，爱情也应当更新。"

方先生说："爱情需要更新，但不应该更换爱人。按照你

的更新方法，收入和地位提高一次，就变换一次'爱情'，将来涨了工资，升为公司经理……将会更换多少次爱人呢？"

苏先生哑口无言，打消了离婚的念头。

这种方法也叫归谬证误批评法，暂且假定对方观点正确，然后顺着对方的逻辑思路，把这种观点导向荒谬的境地，使对方观点的错误性明显地暴露出来，从而有效地达到批评、说服对方的目的。

如何说才能应对职场复杂问题

在办公室，难免与同事或上司发生些磕磕碰碰，进而在某些问题上形成分歧和误解。如果你处理不当，就会造成自己的心态失衡，情感受挫；同时也容易使办公室中的人际关系恶化。

那么，怎样才能平息冲突并与办公室里的人和谐相处呢？这就需要我们掌握在这种情形下的说话艺术。

委婉消除他人误解

工作中，我们难免会被别人误解。人都是有七情六欲的，当你在办公室受到某种指责、误解之时，就会心情浮躁、情绪低落，有时还会感到压力很大，不知道该如何去面对。这是对工作还有自己都很不利的，我们可以用艺术的语言去排解、消除误会。

　　某中外合资公司职员张伟，一次因公事而耽误了时间，导致出席公司内部一个重要会议迟到，结果被老板误会。可当着众人的面，他不能也无法在会议室争辩，那样会使老板下不来台。午餐时，本来心情郁闷的他，被同事拉去聊天，这时他忽然看见老总向他们走来，张伟故意大声地借当年的高考作文题"改写陈伊玲的故事"，大谈女主人公因助人为乐而弄坏了嗓音，最后却被音乐学院破例录取的故事。老板听罢，问道："你是在说自己吧？"王辉爽快地答道："正是——借人表己。"

　　继而他便解释了自己是因为担心公司遭受损失而延长了谈判时间，因此才开会迟到的。老板和同事听罢，明白了他的"不白之冤"，顿时对他刮目相看。

用幽默来回击小人使绊

　　办公室本就不是世外桃源，同事之间是存在明争暗斗的，因此办公室中常有背后捅刀子的小人，这些人的存在让办公室充满了风险。

　　当你一旦有了过失，这些小人就会抓住你的失误来大做文章，这时我们应当沉得住气，注意选择比较含蓄的方式，去提醒或警告那些别有用心的人。

　　田飞在广告公司做策划工作，有一次领导让他起草的某个策划方案过了很久，领导也没有再提起，他以为领导不再需要便没有妥善保存。哪料有一天领导突然向他索要，他一时也记不起这份方案放在什么地方了，便托词"放在家里了"，赶紧另抽时间再做一份以应急。办公室的小张因嫉妒田飞的才华，正愁没地方发泄，当他知道了这一秘密后，便忙向领导打小报告，惹得领导批评田飞："为什么隐瞒方案找不到的事情。"幸而田飞比较冷静，他坦率地向领导承认了自己的过失。事后，他明知小张从中捣鬼却并未向他兴师问罪，反而风趣地说："看来，我做一份新方案的速度，还是赶不上老板的耳朵快啊。"

他借说"老板的耳朵"来暗中讥讽小张，实际上也暗示了自己知道是谁告的密，给了对方一个小小的警告。

当我们在工作中与同事之间有了某些利益或者其他方面的冲突的时候，只要不是涉及原则的问题，尽量不要去争论辩解，以免使得矛盾扩大。而遇到小人在背后捣乱这类情形时，更应注意用自身特有的含蓄与幽默去提醒对方，这就比直白的质问来得好些，至少避免了扩大事端、给他人和自己造成某种恶劣的影响。

用道歉来化解无意冒犯

当我们在工作中无意冒犯他人以后，为了缓和矛盾和紧张尴尬的气氛，不影响办公室的人际关系，最好的选择是主动、坦率地检讨过失；如果故意遮遮掩掩，反而会使事态扩大，把事情弄砸。

某公司职员大张，因开了一回过火的玩笑而冒犯了同事刘姐，使对方非常愤怒，他自己也因此处于一种骑虎难下的状态中。这时，他意识到，如果只是像通常那样顺口道个歉，可能显得缺乏诚意，太草率了一些。于是，他诚恳地说："对不起，刘姐，怪我忽略了这里的场合，胡乱说话，作为小字辈，我向你真诚道歉，我保证今后再也不会发生类似的情况了。请你高抬贵手，大人不记小人过！"

这番真诚的道歉，使刘姐心情逐渐平静下来，原谅了大张。大张的道歉之所以恰到好处，其关键就在于他懂得根据自身过失的大小轻重，来调整自己的语言方式。试想，如果他只是像一般情况下的那种一声"对不起"式的道歉，显然显得有些轻描淡写了，也就不容易得到对方的谅解，难免为双方的关系蒙上一层阴影。

用自责缓和关系

俗话说"得饶人处且饶人"，如果我们因为同事的过失，对自己造成了伤害，这时只要不是涉及自身重大利益和原则，最好的办法是采用"大事化小，小事化了"的态度较为明智。

王宇是某公司职员，一次在填写一份统计报表时，误听了办公室的同事小西申报的一个数字，虽然当时她有些怀疑，却因为之前与小西有小矛盾而懒得去细问。当主管发现了这一疑点后，便追问下来，王宇自然分辩说小西报来的时候就是这样，而小西当然也不认账。事后，王宇静下心来反省自己，才意识到自己把个人恩怨带到工作上来了，难怪老总责怪自己"脑子里少了根弦"。

次日，她便向主管解释关于差错的原因，并主动承担了责任。结果不但得到了主管的原谅，还使她和小西的关系有了改善。

用无言表达不满

虽然办公室这块天地不大，琐事却不少。有时候，自己明明做了好事，却得不到他人承认，尤其是当自己想表达这种不公平待遇时，怎样才能说出口呢？这时候最好的选择是：委婉比坦率好，沉默比大声抱怨好。

夏平在某机关供职，刚分来时为"争表现"，总是提前20分钟到办公室，抢先打扫清洁、搞卫生，可同时分来的另外两人却总是结伴而来，且总是踩着点来。久而久之，这种状况也使大家变得习以为常、心安理得了，甚至还故意说一些诸如"爱表现""想要领导看见好升职"等难听的话讥讽他。久而久之，夏平心生郁闷，觉得很不公平。那么，怎样来表达自己的不满呢？之后的日子里，夏平有意在家耽误一会儿，故意掐准时间，在早上8点半准时到达办公室，起初大家都没留意到，在经过三天以后，众人才留意到办公室脏了，到了第五天，终于有人提议排一个清洁值日表。

显然，是夏平这种"无声提醒"的方式起了作用，既不动声色地为自己解了困，又无损于办公室的友好气氛。

总之，我们要想在办公室这个纷繁复杂的环境中求生存，想要在激烈的竞争中立于不败之地，那就需要我们掌握更多的说话技巧，这些技巧需要我们在工作中不断积累，才能最终提高自己。

第 7 章

张 口 必 赢

找对领导说对话

　　领导主管着工作中各项工作的方向，是指挥者，也是掌权者。他不但给你指派工作，还掌握着你是否能晋升和加薪大权。与领导进行有效沟通是你在职场一帆风顺的前提条件，与领导沟通交流就更需要你掌握不一样的语言技巧，只有在沟通上达到顺畅，你才能够立于不败之地。

与领导交谈的和谐艺术

我们在工作中都希望自己能够和领导和谐相处并能够友好地交流，因为这样做，可以使自己在职场上获得更多的帮助，使自己的工作更容易开展。但是，与领导交谈，同样也是我们工作中的一大难事，不是难在有礼，而是难在得体。

所以，在领导面前要想说话得体，能和领导和睦相处，就必须要掌握一些技巧。

给上司要留足"面"

在职场混饭吃的人最忌与上司斗气，尽管作为下属的百分之百正确，上级领导明摆着是偏袒其他人，但如果认真地斗起来，下属只能像一只斗败的公鸡，铩羽而归。所以，做下属的必须设法与上级领导处好关系，这处好关系的主要武器便是说话。

> 在一次公司年终总结大会上，老板说错了一个数据，当时就有一个下属站起来，大声纠正台上正在讲话的老板："错啦错啦！那是三个月前的数据，现在的最新数据是……"全场哗然，老板在台上一时尴尬不已，总结报告的情绪也大受影响。后来这名"勇敢"的员工，因为一点小失误，立刻被老板炒了鱿鱼。

当老板不小心犯错的时候，作为下属的你，要懂得如何帮助老板摆脱尴尬，或是假装什么都没发生过，事后再想办法弥补。在老板犯错时，最大限度地帮助老板维护他的尊严。

汇报工作要简洁

职场中，向领导汇报工作也是经常要做的事情。在向领导汇报工作的时候，最重要的是尽量缩短时间，汇报最有意义的内容。要知道，领导的工作远比你繁重得多，他很忙，没有太多的时间听你慢慢地汇报工作细节。所以，将汇报的时间尽量缩短是一个重要原则。

ZHANG KOU BI YING

成吉思汗是一代帝王，他亲手缔造了蒙古帝国。这位能征善战的统帅在一次征伐中，要求一位通信兵报告前线的战事。当时蒙古还没有文字，只能依靠口耳相传的方式进行信息的传达。而且传递信息的人要将信息的主要内容编成歌谣，在心中反复记诵，确定正确无误。

这位通信兵见到成吉思汗后，就唱起了有前线信息的歌谣。成吉思汗听后大怒，要知道战场上的战况是瞬息万变，等成吉思汗从冗长的歌谣中厘清信息，作战计划的制定肯定就滞后了。

成吉思汗当场就重重责罚了这个通信兵，要求他把重点提炼出来后重新汇报。通信兵受了皮肉之苦后学乖了，简洁明了地汇报了最重要的情况。

第二次的汇报让成吉思汗十分满意，于是对通信兵进行了奖赏。如果通信兵第一次就明白简洁的重要性的话，就不用受罚了。

在领导的观念中，时间就是金钱，就是公司的利润。你要是占用他太多的时间，就是挡住了他的财路。汇报工作是必需的，但是汇报的语言表述要简洁，无关的内容尽量不要说。

反映情况不可带感情色彩

向上级领导反映情况，如果是好情况，只要他有空，随时都可以说。如果是坏情况、坏消息，则要注意一下时机和场合，最好是与上司独处时汇报。

另外，我们反映情况也必须要实事求是，不能弄虚作假，更不能哗众取宠。纸毕竟包不住火，总有一天会让你暴露在众目睽睽之下，那时就会失去上司对你的信任，上司会觉得你是个夸夸其谈、华而不实的人。以后要是有什么重要工作，上司再不敢放手让你去干了。

求领导办私事要看时间

找领导沟通工作外的事情时，应看准时机和把握火候。如果他的心情不佳，就不要找他；工作繁忙时，不要找他；如果吃饭时间已到，也不要找他；休假前和度假刚返回时，也不要找他。因为在这些时间，你同他谈与工作不相干的问题，他多半会拒绝。凡他拒绝的事你若再提起，只会增加不愉快，还会给上司一个难缠的印象。托上司办私事时，选好谈话时机是很重要的。

老徐两口子都是县针织厂的普通工人，没有什么体面的亲戚，平时倒也不觉得有什么低人一等的感受。可这段时间，两口子都为儿子的升学问题愁眉苦脸。有人给他出点子，要他找厂长。不爱求人的老徐只好硬着头皮去找厂长。厂长刚处理完公事，同几个下属在聊天，老徐算是逮了个好时机。

"厂长，我实在是没有办法，只好来求您了。厂里许多人都给我出点子，说只有您能帮我解脱困境。"老徐首先把厂里工人抬出来，给厂长戴高帽子。

厂长果然很受用，和颜悦色地问道："说吧，什么事？"

"我儿子初中毕业想进三中，可是没有关系，分数够了也难进，进不了三中，今后考大学就成问题了。厂长您面子大，认识的体面人物多，厂长一句话，比我去四处磕头还管用。"

"就这事？这件小事好办。"厂长大包大揽地说。

"厂长，真是谢谢您了。您真是个痛快人，我们一家人永远都记着您的恩德。"

"嗯，这点小事谢什么呀，要真谢，就让你儿子好好读书，将来考上北大、清华，哈哈哈……"

"考上北大、清华，一定请您这位大恩人喝酒。"不用说，老徐的儿子顺利地进了三中。

由上可见，请求上司照顾，要用对方法。同时还有一点很重要，就是要选好时机，同时要做到心平气和。

给领导提建议可以这样说

"金无足赤，人无完人"，在工作中上司也有犯错误的时候。面对上司的错误决定或者其他不当言行，如果置之不理，不仅会影响我们的工作，而且会阻碍公司的发展；如果直面陈词，有些领导碍于面子不容易接受。那么我们该如何向上司提出合理意见和建议呢？这就需要我们掌握以下的沟通技巧。

开着玩笑把错提

有时我们指出领导的错误，不见得非要义正词严，因为你要尊重领导，还要为领导的威严着想，顾及领导面子。所以，我们要讲究技巧，可以开一些无伤大雅的玩笑，在谈笑间指出领导错误，这样不但能让领导顺利接受意见，还不会使场面尴尬。

某公司的待遇很差，职工苦不堪言。有一天，该公司的一位主管针对公司近来迟到人数逐渐增多这一现象，对领导说："公司的普通员工简直没法按时到公司工作。"领导问："为什么？"这位主管笑着说："坐出租车吧，车费太贵；坐公交或者地铁吧，又苦于挤不上去；而且公司每月所出的交通补贴，也不胜负担，让他们如何能解决这个问题？"主管叹了口气，一副毫无办法的样子。领导接着说："以步当车，一文不费，而且可以借此锻炼身体，不是好的办法吗？"

主管摇了摇头："不行，鞋袜走破了，他们买不起新的。

我倒有一个办法，希望领导出一个通知，提倡赤足运动，号召大家赤脚走路上班，这个问题不就解决了吗？谁让他们命运太坏，生在这个时候？谁让他们不去想发财的门路，却当苦命的职员！他们坐不起出租车、地铁，也不能鞋袜整齐地到公司上班，都是活该！"他一面说，一面笑，说得公司领导也不好意思起来，只好同意改善一下职工的待遇。

该公司主管用夸大的口气来表达真实想法，达到了他劝谏的目的。他用责备下属的语气，尽情表露职工的苦衷，用反面的方式表达正面意思：公司待遇太低。在语气上是开玩笑，实质上是批评领导给的待遇太低。由于比较委婉，不伤对方面子，对方容易听进去，一旦觉悟到自己的过失，就容易接受劝告，改变行为。

当然，使用这样的方法要适度，不能过于露骨，不能让对方感到刺激。如果话语太重，让领导心里无法接受，往往会产生反感、气愤的情绪，这样就不会得到自己想要的结果了。

"欲擒故纵"提建议

对于那些敢于直言的下属，领导头疼的往往不是下属所提的意见有多么的难以接受，而是下属提意见的方式让他们受不了。比如，"经理，您刚才说的观点完全错误，我觉得事情应该这样处理……"，或是"经理，您的做法，我不敢苟同，我认为应该……"这样的话，把领导的想法或做法一棒子打死，不要说他是你的领导，就是同事、朋友都是很难接受的。

我们可以先抓住领导所说的建议中被你所认同的地方，并加以肯定和赞赏。而后，提出相反的意见，这时候，你的意见往往可以被接受，这就叫做"欲擒故纵"提建议技巧。

在某公司的一次例会上，杨敏对经理关于质量问题的处理不是很满意。在经理征求大家意见的时候，杨敏说："经理说得对，在产品质量方面，我们的确应当给予充分的重视，这是解决问题的前提之一。我认为，除此之外，我们还应当加强全体员工的质量意识。现在我观察到公司员工的质量意识并不强，工作中有疏忽大意的倾向，这股风气必须刹住，否则质量问题是很难得到彻底解决的。"

"我想，如果我们对各级员工都进行质量意识培训，员工看到公司上层如此重视，自然也就重视起来了。如果真能这么做的话，解决这个问题是不费吹灰之力的，公司也能以更快的速度发展。"

听了这番话，经理不断点头，采纳了杨敏的意见，并对他的这种敢于提意见的行为给予了肯定。

给出多选，让上司决定

聪明的下属给上司提意见或建议时，不会只提出唯一的一条，而是提出两条或多条。这样便会给上司留出选择的余地。

小齐是一家装修公司的设计师。最近由于业务繁忙，公司扩招了十多名装修工人。工人们白天干活儿，晚上在公司食堂吃饭。吃饭的人多了，但食堂的工作人员没有增加，因此饭菜质量有些下降，工人们牢骚不断。这件事本来不在小齐的职责范围之内，但为了公司整体利益，小齐来到经理办公室，说明情况后，经理问他："你说该怎么办？"

小齐说："我觉得有三种解决办法：一是给工人提高待遇，让他们到外面吃饭；二是叫'外卖'，新招来的工人每人一份；三是增加食堂工作人员，可以是临时性的。您认为哪种方法最合理呢？"

经理考虑一番，采取了小齐的第三种建议。同时，经理也非常欣赏小齐这种处处为公司着想的工作态度。

让上司在多项意见和建议中做出选择，是一种高明的沟通技巧，因为其中隐藏着一种暗示：至少你得选择其中一条。这样上司便会在不知不觉中接受我们的意见。

"多献可，少加否"提建议

《左传》中说："多献可，少加否。"意思是说，提建议时多说一些行得通的办法，少说一些否定对方的话。它包括两层含义：一是多从正面阐述自己的意见，二是少从反面否定和批驳上司的观点，甚至要通过迂回变通的办法有意回避，这样可避免与上司的意见发生正面冲突。

ZHANG KOU BI YING

王强是一家公司的业务主管，因业务需要急需一名副手，因此想提拔懂业务、有经验的本部门员工小李。而他的顶头上司赵经理却准备让小邓任职，小邓属于另一部门，对业务不太熟悉。面对这种情况，王强找到赵经理进行沟通。他说："赵经理，咱们提拔的副手最好精通业务，这样一上来就能开展工作。现在人手紧、任务重，小李在我们部门干了好长时间，我看他就比较合适。您觉得呢？"赵经理想了想，同意了王强的建议。

在与赵经理沟通时，王强只说了短短几句话。他阐述的全部是自己的见解，而没有从反面强调小邓这不行那不行，最后意见被上司采纳了。我们设想一下，如果王强一味指责小邓的缺点，从某种意义上就相当于指责"赵经理眼光不行"。这样的话，赵经理未必能够痛痛快快听从他的建议。

这样拒绝领导最合适

在工作中，领导经常会委托我们做某件事或布置些任务，这时就要我们善加思考，自己能否胜任或完成这个任务，如果遇到无论如何努力都做不到的事，就应及时拒绝，以免耽误领导的工作。

以例为引，委婉拒绝

当领导提出一件你根本就做不到的事情时，如果你直言答复自己做不了，可能会让领导损失颜面，这时，你不妨说出一件与此类似的事情，让领导自己意识到事情的难度，而自动放弃这个要求。

甘罗的爷爷是秦国的宰相。有一天，甘罗看见爷爷在后花园走来走去，不停地唉声叹气，就问道："爷爷，您碰到什么难事了？""唉，大王不知听了谁的挑唆，硬要吃公鸡下的蛋，命令满朝文武想办法去找，如果三天内找不到，大家都得受罚。"

"秦王太不讲理了。"甘罗气呼呼地说道。随后他的眼睛一眨，想出一个主意，说："爷爷您别急，我有办法，明天我替你上朝好了。"

第二天早上，甘罗真的替爷爷上朝了。他不慌不忙地走进宫殿，向秦王施礼。秦王看到他一个小孩子上朝很不高兴，训斥道："小娃娃到这里捣什么乱！你爷爷呢？"甘罗说："大王，我爷爷今天来不了啦。他正在家生孩子呢，托我替他上朝来了。"秦王听了哈哈大笑："你这孩子，怎么胡言乱语！男人家哪能生孩子？"甘罗听后也不紧张，还击说："既然大王知道男人不能生孩子，那公鸡怎么能下蛋呢？"

甘罗的拒绝方法不但解决了爷爷的难题，也让秦王放弃了他的无理要求。于是，秦王发出了"孺子之智，大于其身"的叹服，并封甘罗为上卿。

甘罗以例为引，巧拒了秦王，不但没有受到惩罚，还得到了重用。官场如职场，当领导提出某些你根本无法做到的要求时，你也可寻找相似的例子以引导上司正确思考问题，这也是委婉拒绝领导的技巧。

让上司帮你决定

有时上司会把大量工作交给我们，而我们实在不胜负荷，这时可以主动请求上司决定完成工作的先后次序。

比如我们可以说："经理，我现在手里有 5 个大型计划和 10 个小项目，我应该最先处理哪个呢？"

明智的上司一定会明白我们的言外之意，也能体会我们认真严谨的工作态度，自然而然会把一些不太重要的工作交给别人处理，不再强迫我们。

先赞美，再婉拒

当领导提出的要求使你力不能及无法接受时，可以先感谢领导对你的信任和栽培，再含蓄地说明自己的困难和歉意，这样彼此都能够接受，也不至于破坏领导和你的关系。

年会快到了，公司准备排演《西厢记》，领导指定崔小姐和小马在剧中担任主角。两人曾经谈过恋爱，但现在彼此都有了男女朋友，崔小姐为了表示忠诚将事情告诉了自己的男友，男友却和她闹起了别扭，崔小姐不想让即将与之结婚的男友生气，只得找机会拒绝领导。

再三考虑后，崔小姐看准领导正在为节目安排忙碌，她一边帮忙，一边搭话，见领导比较开心就渐渐进入了正题："经理，您知道我最喜欢搞文艺了，您这么信任我，我心里甭提多高兴和感激了，但我和小马演夫妻不太合适吧。实在不行我和小马演别的性质的戏也行。"最后，还天真中带几分调皮地告诉经理说，"经理，告诉您一件事情，过几天我和男友就要结婚了，您一定要到场哦，喜糖我可给您留着呢！"

崔小姐的话说得非常诚恳，经理也是很灵活的人，很快就悟出了其中的玄机，呵呵一笑，便愉快地答应了她的请求。

崔小姐用这种先赞美，然后辗转婉拒的方式得到了领导的理解，不但没有因此破坏和领导的关系，还加深了领导对自己的认识。

拒绝之前，先说"谢谢"

黄燕是公司的一名中层干部，最近正与外商谈判，忙得焦头烂额。偏偏在这个时候，顶头上司又要求她去参加拓展业务的研讨会。

黄燕微笑着对上司说："谢谢您如此器重，不过真是抱歉，虽然我很想去，可是现在正忙着和外商谈判，一时抽不开时间，您看……"

没等她说完，上司就说："哦，没关系。与外商谈判是件大事，不要浪费你的时间和精力，我派别人去参加研讨会。"

事例中，黄燕的沟通方法简单而有效，在说"不"之前，先对上司的器重表示谢意，让他留下很有礼貌的印象，然后娓娓道出自己的不便，让他感到下属确实有难处，于是安排别人去完成那项任务。

巧借他言述本意

当你想拒绝领导时，也可以引用一些名语来作答，不但能表明自己的意思和观点，也可以增加权威性与可信度，还省去了麻烦的解释和说明。

汉光武帝刘秀的姐姐湖阳公主在丈夫死后，看中了朝中品貌兼优的宋弘。一次，刘秀召来宋弘，以言相探："俗话说，人地位高了，就改换自己结交的朋友；人富贵了，就改换自己的妻子，这是人之常情吗？"

宋弘笑答："我听说'贫贱之交不可忘，糟糠之妻不下堂'。"

宋弘深知刘秀问话之意，进退两难时他引用了名语来"表态"，委婉而又直截了当地表明了自己的态度。

用幽默婉拒上司

采取恰当的幽默方式拒绝上司，可以让对方在毫无准备的大笑中放弃。这样的拒绝，不仅能达到自己的目的，还能让对方愉快地接受。

老张是一家公司的部门经理，虽然经验丰富、工作态度认真，但能力一般，总经理有意让别人替换他的职位。

一天，总经理拍着他的肩膀说："张经理，你看是不是要早日把你的职位让给年轻人！"

"好啊！就这么办！"

"嗯？你愿意？"

"当然愿意了。不过俗话说'鸟去不浊池'，所以我有一个请求，希望能让我把正在进行的工作彻底做好再离开。"

"完全可以，你手中的工作什么时候可以完成？"

"大约需要十年左右。"

总经理听后哈哈大笑，彻底打消了让别人顶替老张的念头。

老张的回答开始听起来似乎非常大度，然后找了一个十分合理的借口，最后来个一百八十度大转弯，委婉地告诉经理自己还想在这个职位上干下去。面对老下属的幽默沟通技巧，总经理只好收回成命。

假借反对别人的意见而拒绝上司

当上司要求我们做某件事，我们想拒绝但又不好说出口时，不妨请来几位同事，在谈论中拒绝其中一位同事，从而达到对上司说"不"的目的。

ZHANG KOU BI YING

经理打算把小葛从人事科调到销售科，小葛有些不乐意，但又不好意思拒绝上司的要求。于是他想了一个办法。一天下班后，他约上两位关系较好的同事小谢和小吴一起来到经理办公室。在此之前，三个人已经商量好如何与经理进行沟通。

四个人先是寒暄一番，接着进入正题。小谢首先开口了："听说经理要把小葛调到销售科，这个主意不错嘛。在那里可以锻炼口才，提高业务能力。"

小吴持反对意见，说："小谢，我不同意你的看法。人事科与销售科的工作性质完全不同。我觉得小葛的性格不适合干销售，即使勉强去了，短时间内也不会产生业绩，还是干人事工作轻车熟路，得心应手。"

这时，小葛登场了："嗯，我赞成小吴的观点。我性格比较内向，不适合做销售工作。经理，您觉得呢？"

经理笑了，此时他已经明白小谢和小吴是小葛请来的"托儿"。就这样，经理不仅改变了主意，心中还直夸小葛头脑聪明呢。

通过反对别人而拒绝上司的要求，这种沟通方法实在高明。既拐弯抹角地拒绝了上司的要求，又保全了上司的颜面，皆大欢喜。

采取缓兵之计

如果上司打算授予我们一个职位，而我们认为这个职位不适合自己时，沟通时可以采取缓兵之计。

比如我们可以这样说："无论在哪个职位，我都希望为公司贡献自己的最大力量。这样吧，您让我再考虑几天。"

上司一看我们没有立即答应，一定会明白下属不愿意听从他的安排，只是不好意思当面拒绝罢了。

可见，拒绝领导虽然不是令他愉快的事情，但是如果能够掌握拒绝领导的技巧，在实践中有区别地加以应用，一定可以让领导在你的诚恳中理解你的不便之处。

挨了批评更要会说话

在现代职场中，人不可能从不犯错误，而领导发觉你有错误后，可能就会出言批评，如果你在这时无法控制自己的情绪而发怒，会发觉发怒根本无济于事，因为你不可能每次受到批评后就辞职吧。那么，当我们挨了批评后，我们该如何应对呢？

有错误必须虚心接受

在面对领导合理批评时，你最有效的做法就是虚心接受，并且发自内心地改正这些错误。你可以这样对领导说："这件事确实是我的失误，我对问题考虑不周，谢谢您的及时提醒，我一定好好改正。"然后以实际行动来表现自己的态度。

先缓和领导情绪

作为下属犯了错误，领导批评时总会情绪激动，这时你应先想办法让对方冷静下来，比如语气温和地先缓和领导的情绪："您先消消气，然后我们再谈。好吗？"等到领导情绪缓和后，再主动承认错误："我知道您很生气，这件事是我做得不好，但是希望领导能给我一个机会……"这时你将自己的打算说出来，相信能够给自己一个缓冲的空间。

谦虚幽默接受批评

在受到批评时，你可以先以谦虚的态度接受，然后再以一种友善和幽默的方式来回击对方对你的责备。

ZHANG KOU BI YING

纪晓岚是中国清代家喻户晓的人物，在他任侍读学士的一年春节前夕，他应一乡亲请求为对方写了一副对联，上联是"惊天动地门户"，下联是"数一数二人家"，横批是"先斩后奏"。这事很快传到了乾隆皇帝的耳中，乾隆知道后火冒三丈，立刻将纪晓岚押到了京城，一见到纪晓岚便怒道："纪晓岚！你知罪吗？"纪晓岚完全摸不着头脑，但见乾隆大怒，只好连连叩头，口称知罪。

乾隆听了更怒，斥责道："好你个纪晓岚，朕看你是人才待你不薄，却不料你竟然公然写对联煽动乡民造反！"说完吩咐道："拉出去砍了！"纪晓岚这才知道是因为对联，他因此哈哈大笑，说："万岁息怒，其实情况是这样的，这一家人有哥仨，老大是卖爆竹的，不正是上联吗？老二是集市过秤的，不正是下联吗？老三是卖烧鸡的，杀鸡不正是先斩后奏吗？这有什么不可以呢？"乾隆听后，也因为对联的风趣幽默而龙颜大悦，从而释怀。

纪晓岚面对乾隆的怒斥，先是谦虚接受，明白缘由后用幽默的解释化解了这次危机。在面对领导时，我们也同样可以借助这样的方式来化解批评，从而和解。

看准时机再回击

在面对领导的无理批评时，最好的办法就是等待良机，再运用你理智的语言来回复他的批评，因为当你情绪激动时是不可能做到这一点的。

关桐是建筑公司一名项目施工员，因为建筑材料没有及时到位，致使工期拖延，项目经理在一次会议上公开批评了他做事不负责任，致使拖延工期的问题。当时关桐谦虚地接受了领导的批评："这件事主要责任是因为我的缘故，我愿意主动加班将拖延的工期补回，希望领导能够给我这个机会……"

等到会议结束后，关桐找到了领导："经理，我跟的工程到现在建筑材料还都没有审批下来，我已经跟采购说过几次，拖延工期是我的错误，但是没有材料的话工期还是补不回来啊！"领导这时才知道错怪了关桐，但是因为关桐冷静的态度和回击，领导也无法再怪罪，而且更加看重关桐。

关桐的理智回击没有在大庭广众之下，而是等领导接受他道歉后私下沟通的时机，从而挽回了在领导心中的形象。其实很多时候领导的无理批评只要我们能够谦虚冷静地对待，通过讨论或沟通还是可以及时解决的。

会说才能加薪

ZHANG KOU BI YING

假如你想升职加薪，仅靠消极等待是不可能实现的，必要时可采取积极主动的方法向领导提出你的要求。但是，对于大多数年轻人来说，向领导要求加薪是一件非常难开口的事，担心要求被拒绝，担心领导对自己刻意挑剔。

其实，向领导提出加薪的要求并没有大家想象中的那么难，只要你认为加薪是合理的，你就有权提出。但是当你向领导提出加薪的要求时，要注意说话的方式，语言必须委婉慎重，学会以商量的口气说话。最好是巧妙地、有技巧地把自己的意图传达给领导，就算万一不被领导接纳，也不至于让双方陷入尴尬的局面，以致影响日后的相处。

ZHANG KOU BI YING

钱乐乐是某公司的行政助理，她已经在这个公司工作四年了，可是工资并不理想，她想让老板为自己加薪。于是在一个上午，她瞅准老板一人在办公室看报纸的机会，敲门走了进去："彭总，我有个小小的要求，不知您是否会答应？"钱乐乐一副微笑的面孔对着老板，缓缓说道。

"什么要求？说说看！"

"我……我现在已经是个老员工了，但由于生活所迫，经济压力较大。您看能不能给加一些工资？"

"可你对业务还不太熟悉，这恐怕不太合适吧？"老板面有难色。显然这是老板的托词，一个人在一个公司工作四年，怎会对业务还不熟悉呢！

钱乐乐不动声色，微笑着回答老板的疑问："彭总，业务我可以慢慢熟悉，如果您同意我这个请求，我会好好珍惜，一定不会让您失望。"

听钱乐乐这么一说，老板面色缓和了许多，问道："你希望工资上调多少呢？"

"我现在的工资是 3600 元，您看 5000 元合不合适？您放心，我一定不会让您失望的。"钱乐乐很自信地回答道。

老板想了想说："那你先试试吧，小钱，我可是要见到你的工作成绩呢！"

"谢谢彭总给我这次机会，我一定不会辜负您的期望！"钱乐乐响亮地回答。

就这样，两个星期以后，钱乐乐如愿以偿地拿到了自己所期望的工资。

以商量、倾诉的语气向领导陈述自己的意图，领导愿意聆听，并且询问你工作上遇到的问题，只要你工作出色，最终可能会为你增加薪水。作为一名刚刚进入职场或在职场打拼几年的年轻人来说，要敢于向你的领导提出加薪要求，要敢于争取自己的利益。一般来说，除非你的

工作十分出色，不然领导是不会主动为你加薪的。有些时候自己的利益还是要靠自己来争取。

　　向领导提出加薪要求时，你应当语气平和，面带微笑地陈述你的主要理由。然后再委婉地提出你的要求，尽量多用征询的话。向领导提加薪要求时还要选准时机，最好是在领导心情愉快，较为空闲的时候，这时候你的要求被接受的可能性较大。

　　要想获得加薪，最根本的一点就是你自己必须有真才实学。领导一般是通过下属的表现，来评价其能力、品行与态度的，如果你在工作中的表现很好，而且有出色的成绩，要想加薪，不妨在领导面前表明自己的功劳。你可以将过去一年内所做的工作成绩列成单，呈交给领导，以非常诚恳和迫切的态度，提出你的要求。只要领导不是很小气的，他会考虑你的加薪问题的。

见什么领导说什么话

ZHANG KOU BI YING

　　俗话说"官大一级压死人"，要想工作顺顺当当、不被人暗中使"绊"，获得领导的好感是必不可少的。面对不同性格、不同素质的领导，沟通方式必然有所不同，但所谓殊途同归，只要掌握其中的道理，无论面对怎样性格的领导，都能够应付自如。

对外强中干型领导这样说

　　有的领导，缺乏真才实学，但喜欢用自己貌似丰富的阅历来向下属炫耀，夸夸其谈，大话连篇，这样的领导一般表现欲都特别的强烈，但却是外强中干。碰到这种领导，闭上嘴巴、竖起耳朵是比较明智的。即使领导说得不对，你也千万别表现自己的小聪明，那只能是引火烧身。相反，你闭着嘴巴乖乖地听，对他就是一种无声的赞美，告诉他，他在你心目中是个很出色的领导，你对他很佩服。

王强刚换到一家公司，第一天就在领导的唾沫中"神游"了新加坡、马来西亚、泰国等地。下面是他们的简短对话：

"小王，你出国旅游过吗？"

"还没有。"王强颇有心计，知道话中有话，不失时机地说道，"主任一定到过很多地方了？"

"多不敢讲。这些年来因为工作原因去了英国、美国、新加坡、日本……"

于是一个上午，王强就跟着主任"神游列国"。

这种领导，在他看似自信的神色下隐藏着一个自卑的本质。他在那儿口若悬河地把自己的经历说出来，向听者炫耀，以掩藏自己的弱点。这种人因为自卑而比较敏感，所以尽管他把自由女神说成是英国的，你也不要吱声，否则因你的提醒或打岔而击碎了他自夸的美梦，他会因为觉得丢脸面而怨恨你。相反，此时你唯一可做的就是摆出一副听得津津有味的样子，表示你的崇拜与羡慕，感谢他给你讲了各国的风土人情。

对好虚荣的领导这样说

对好虚荣的领导，你千万别去捅这个"马蜂窝"。为了保全好虚荣的领导的面子，其办法就是给他留下台阶，留下退路。

当这种领导已经明确表明某一态度和意见，而你要纠正他时，最好的办法是为他找一个安全合理的理由，这个理由不使他丢面子，又可使他全面地改变自己的观点和态度。比如：

"身处那种情况，我可能也会那样说。但现在情况有了变化，我们的某些观点是否也要有些变化。"

"在当时信息不全而又紧急的时候，任何人都可能会出现一些偏差。现在我们掌握了较全面的情况，我们可以作出更正确的决定……"

"这事可能你不太清楚，或许是其他人放错了位置，才使你也发生了误会。"所谓"其他人"，就是把责任推给模糊的第三者，使领导有台阶可下。

人生在世，谁没有一点虚荣，它源于人的天性，源于人希望出人头地、被欣赏和瞩目的心理。要想想领导他也是肉眼凡胎，同样也会有缺点，因此你要赞美他，在很大程度上满足他的虚荣，使他在赞美声中感受到荣耀与超越。

古时候有一个人非常善于拍马屁。他靠阿谀奉承过了一生，送了无数的高帽子给人戴。死后到了阴间，阎王亲自审问他。

"你这人活了一世，只懂阿谀奉承，让人不思进取，实在是罪该万死。来啊，把他给我打下十八层地狱！"阎王怒气冲冲地吼道。

"慢着，"那人不慌不忙地说道，"小人是该死，但小人奉承的都是那些有虚荣心的人。像大王您这样英明神武、铁面无私、没有虚荣心的人是不会接受小人的高帽的。"

"还算你有眼！"阎王拈着胡须哈哈大笑着说，"你投胎去吧！"

连阎王都逃不过这一"劫",又有几人能不虚荣呢?因此只要找对了领导的虚荣心,赞美起来就容易多了。几千年来,许多人想要铲除虚荣,但是虚荣在人类生活中已经根深蒂固,是消除不了的。所以,与其白费力气,还不如去寻找驾驭它的方法、满足领导的虚荣,因为大多数虚荣是无害的。对于你的领导,你去赞美他引以为荣的东西,他一定会很高兴。

你要留意哪些是领导擅长的方面,这方面又往往是他花费了很多精力才获得的,如果你对他的这方面表示承认,并且表现得谦虚一些,对他显露出求教的意思,给他充分展现自己特长的机会,他总有一天会把你当成他的心腹。

某领导除了精于本职业务以外,对书法绘画也颇有研究。一次下属小丁有求于领导,恰巧碰到领导在作画。

"哎呀,没想到吴总的画画得这么好。"精明的小丁一副发现新大陆的样子。

"哪里哪里,胡乱涂鸦罢了。"吴总谦让着。

"我以前也学了两年绘画,但总不得要领。不知道吴总有什么绝招,可不可以教教我?"小丁虚心求教。

"你也喜欢画画?那太好了!"吴总像遇到知己一样,兴奋地对自己的下属说起来。

"就我自己的体会,学画画就在于三点,眼到、心到、手到。所谓眼到……"吴总高谈阔论后,喝了口茶。

"那手到又是什么呢?"小丁一副急不可耐的样子。

"手到当然是多练啦。只有多练才能体会到画画的真义。"

"唉,我过去就是看得少,练得少,并且没有恒心。今天听吴总一席话,对我的帮助真是太大了!"小丁感慨地说。

接下来宾主自然是谈得非常的投机。不仅办了自己的事,而且临走时，吴总还送了小丁一幅自己的"墨宝"。小丁将它往自己办公室一挂，当然增光不少。

虚荣是人的天性，它希望被满足的欲望是强烈的，在倾听领导谈话的时候就可以明白对方的虚荣所在，然后用一些恰当的赞美去满足这种虚荣，对方一定会非常受用。

对刚愎自用型领导这样说

劝谏刚愎自用型的领导，不但要有良苦的用心而且还须有良苦用心的表现，让领导知道你是真心实意地支持他或是为了大家的利益着想等等，只有这样才能让他心悦诚服地接受批评。所以进谏者首先就要考虑，该批评是否于领导有益，能否被领导相信按照批评语的要求改进之后，于自身有益。不能诱之以"利益"的批评，会使领导觉得自己改正行为是为了你的利益。于是对你的谏言会有更多的抵触情绪，使原本的一片好心也因方法不当而遭误会。

ZHANG KOU BI YING

《说苑·正谏》记载了这样一个故事：

春秋时期，吴王准备攻打楚国，他知道这个计划会遭到很多大臣们的反对，于是对左右人说："谁要是对我攻打楚国发表反对意见，我就让他去死。"因此很多大臣都不敢来指出这个计划的错误。攻打楚国会给吴国带来很大危害，吴王的宫廷近侍少孺子为了劝谏吴王，便想了一个办法。

一天，吴王早朝时发现少孺子浑身湿漉漉的，就问他是怎么回事。少孺子说："我带了弹弓在后花园闲逛，想打点飞鸟。突然我发现了一件让我不能忘怀的事情：一只蝉在树上欢快地鸣叫，喝着露水。蝉不知道有一只螳螂正在它的下方悄悄地向上爬，正想把它作为自己的早餐呢！那螳螂伏曲着身子，张着前肢，沿着浓密的枝条，一步一步地接近了蝉。可螳螂哪里知道，这时有一只黄雀正藏在不远的一根树枝上，正要展翅飞来啄那只螳螂！黄雀伸着脖子以为很快就可以将螳螂吃到嘴里，哪里会想到这时我正用弹弓瞄准它，它也快完蛋了！这三个小东西，都是只顾前不顾后，它们的处境真是太危险了！……而我呢，则因为看到这么精彩的场面，时间久了，让露水把衣服都沾湿了！"吴王听了少孺子的话，心中猛然警醒，同时也明白了少孺子的一番良苦用心，于是决定放弃攻楚的计划。

这就是历史上有名的"螳螂捕蝉，黄雀在后"的典故，少孺子本来就是要批评吴王错误的计划，但鉴于吴王的刚愎自用，不能直接进行批评，于是连用三种动物，比喻其做事只图眼前利益，不知祸害就在后面，从而使吴王醒悟，接受了他的批评。正是因为少孺子懂批评的艺术，将批评意见寓于故事中，才既保住了自己的性命，又进了忠言，可见恰到好处地对刚愎自用型的领导运用批评之言，是达到批评效果的决定要素。

激励下属有话说

兵法有云："攻心为上。"作为管理者，身边没有忠心耿耿的追随者是不行的，所以一定要善于笼络下属的人心并激励他们。

不论是大单位还是小公司，管理者所要面对的，无外乎人、事二字。换句话说，如果身为管理者的你对人和事应付自如，说话有方，那么，就可以称为一个成功的管理者了。

体贴的话笼人心

懂得办公室法则的管理者都深知感情投资的奥妙，没有比能够收拢人心、让下属心服口服更重要的办公室感情投资了。凡是事业有野心的管理者，无不在笼络下属、挖人墙脚方面煞费苦心，目的是为了拉拢下属为自己办事。

有许多身居高位的管理者，常常视下属如自己的知己朋友，特别是现代一些著名的企业家，更懂得感情投资的重要性，他们无时无刻地不在运用这种神秘的攻心兵法。他们懂得，作为上级，只有和下级搞好关系，才能调动起下级的积极性，从而促使他们尽心尽力地工作。

日本著名的企业家松下幸之助就是一个注重感情投资的人，他曾说过："最失败的管理者，就是那种员工一看见你，就像鱼一样没命地逃开的管理者。"他每次看见辛勤工作的员工，都要亲自上前为其沏上一杯茶，并充满感激地说："太感谢了，你辛苦了，请喝杯茶吧！"正因为在这些小事上不忘记表达出对员工的爱和关怀，所以松下幸之助获得了员工们一致的拥戴，他们都心甘情愿地为他效力。

人的许多行动都是用情感来推动的，优秀的管理者往往善于运用情感的激励。美国前总统尼克松在《领袖们》一书中写道："我所认识的所有伟大的领导人，在内心深处都有着丰富的感情。"换一种说法，这些伟大的领导人很有人情味，很善于关心下属、理解下属。他们懂得，用人之常情来打动和感化下属，创造融洽的感情氛围，那么让下属做什么事都不在话下。

有时候，几句"甜言蜜语"，一声温暖的寒暄，往往比许以职位、给以重奖更能感动下属。有些话好像分量显得并不重，但因为是从管理者的口中说出来，尽管轻描淡写，却也能收到笼络人心的奇效。

比如，公司刚刚为你配备了一名助手，他初来乍到，对办公环境非常陌生，那么你必须给他一定程度的帮助，处处指点他，使他早日适应环境，利用你的经验，解决他的疑难，或者在工作之余跟他多谈谈公司里的工作程序和其他小事，不要忘记让他参与所有跟他有关的会议，让他多多了解公司的业务和同事们的工作情况，也让他多发表意见，这样以后合作起来才更得心应手。

比如，当管理者发现平时工作很出色的下属近来经常出现失误，而且工作心不在焉，可以这样来体恤下属："你最近表现可不太出众哦，这可不像是你的作风。"下属："我已经尽力了……"管理者："是不是有什么心事？"下属："我……我……我妻子住院了……"管理者："是吗？你怎么不早说，家里出了事理应多照顾，要不就先请几天假，好好在家照顾一下病人。"下属："好在已经没有什么大问题了。"管理者："噢，那就好。如果有什么困难尽管提出来。"

在这里管理者既表现出了体贴下属的心意，又注意了不强按人低头，所以下属会非常感激的。但是如果管理者说服下属的方法不对，对方就会对你产生敌意。同样是上面的情况，如果像下面的对话方式，效果就会差很多。管理者："你最近的表现可不太好啊！"下属："可是我已做了最大努力了。"管理者："努力？我怎么看不出来你在努力。"下属："我难道不是在工作吗？"管理者："你怎么能用这种态度说话？"下属："那你要我怎么说呢？"管理者："你太自以为是了，这就是你的问题的所在。"

这样说话不但下属会心存芥蒂，而且也影响管理者的形象。如果你是管理者，最好不要对下属颐指气使，因为有时关怀比批评更能解决问题，而且这也是一种十分人性化的做法，可以无形中拉近你和下属的距离。

人心都是肉长的，用体贴的话笼络人心是一种高明的手段，想想看，如果有这么一位懂得关心自己、爱护自己的管理者，下属能不尽心尽力地为你卖命吗？

适时夸奖能激活下属

大多数职员在职场兢兢业业地工作时，都是非常在乎管理者对自己的评价的，而管理者的赞美就是对下属最好的奖赏。因此作为管理者要舍得用夸奖来激活下属，激励他们更加努力地工作。

在夸奖下属时首先应注意以下几点：1. 要控制住其他人的嫉妒情绪；2. 要有理有据，让人心服口服；3. 要有诚意；4. 要机会均等。那具体如何才能适时夸奖下属呢？

把握夸奖的分寸

管理者夸奖下属一定要有分寸，恰到好处夸奖才能激发下属的潜能。首先可以从日常细节入手：下属穿了一件新衣服，管理者可以摆出欣赏神色："这件衣服很适合你啊！""嗯，今天这样漂亮，有喜事呀？""你真有眼光，这衣服太帅了！"

有下属穿了新鞋、烫了头发，甚至换了个新手袋，管理者也可以套用以上的赞词，不过此言必须在第一次见到时就说，否则就流于虚假和公式化。

除了打扮，还可以从下属的工作表现来赞美。比如某下属成功地完成了某项任务或者顺利出差回来，管理者可以说："你真棒，难怪老总器重你！""你的干劲实在值得我们学习！""旗开得胜，下一个任务又是你的囊中物了！"这些说法并非让管理者做人虚伪，而是多留意别人，学会欣赏别人，掌握夸奖的技巧。

夸到点子上

当管理者赞美下属时，一定要夸到点子上，比如："老李，今天下午你处理顾客退房问题的方式非常恰当。"这种称赞是管理者对他才能的认可。而且夸奖时若能说出理由，更能使对方领会到管理者的称赞是真诚的。比如："小张，你今天的辛劳没有白费，你为公司争来了一笔生意，我代表公司感谢你，你现在是我们公司的业务骨干了。"

他人的付出要肯定

作为管理者，在下属有所付出时，应该从成绩中寻找一定的优点给予肯定，这种夸奖虽然不够明显，但是却能够激励下属不断努力。

ZHANG KOU BI YING

办公室秘书小高在一次竞赛中获得年度新闻稿件一等奖。拿回证书后，局长立即给予了小高较高的评价："小高，不错。你的那篇稿子我拜读过，文笔流畅，观点突出。好好努力，今后你会很有发展的。"

管理者的这种称赞不但让下属认识到了自己的价值，对自己充满信心，也让下属领会了管理者对自己的关怀，同时也是管理者对自己付出的一种肯定，从而更加尊敬管理者，努力工作。

夸奖要对事不对人

夸奖下属时最好能够针对事件，因为事件比较客观，容易被人接受。比如可以这样称赞下属："你今天在会议上提出的维护宾馆声誉的意见很有见地。""今天你做的报表清晰明了，让人看起来很是轻松，希望以后都能够这样。"这样的夸奖针对具体的事件，能够让对方知道他哪里做得好，同时也使对方感到你对他的称赞是真诚客观的。

管理者的夸奖，能很容易地满足下属的荣誉感和成就感，更能作为一种动力激励下属去努力工作，这样的夸奖何乐而不为呢？

请不要揭下属的伤疤

中国人是最讲面子的，给下属足够的面子，照顾到下属的情绪，他才会诚心诚意地为管理者卖命。有人对此作了一个形象的比喻，管理者给下属面子就好比是给下属涨工资；反之，损害下属尊严，实际上等于给下属降工资。正因为如此，才会有人愿意到薪水待遇较低的公司去。所以，真正优秀的管理者非常看重下属的面子，懂得给足下属面子。

有的管理者喜欢当众训斥下属，想以此来把责任转移到下属身上，好让上级、客户或其他下属知道，这不是他的错，而是某个下属办事不力。殊不知，这样做不仅伤及下属的面子，也会使其产生抵触情绪，往往得不偿失。

某国有企业有一位领导，平易近人，颇受员工拥戴。一次，有人问他："你手下那么多人，都死心塌地跟随你，你有什么高招呢？"他回答说："每当我要责备某一位犯错误的员工时，一定叫他到我的办公室里来，在没有旁人的场合才提醒他，就是如此。"

处在这个激烈竞争的环境中，任何一个人都不想让别人看不起，尤其是新来的员工，他们需要的是管理者循循善诱的指导和及时的点拨，而不是"原罪式的教化"。所以，身为管理者不要不分场合、不分地点地批评下属，而要给下属留点面子。特别是当员工遇到不懂的地方和困难，一定不能当众批评或者教导对方，这会让对方觉得很没面子，甚至会萎靡不振、意志消沉，还可能产生反抗的情绪，反而收不到预期的效果。

不妨设想一下，如果下属因为被当众责骂而觉得下不了台，抱着横竖都挨批的心理，一反常态地和管理者争吵起来，甚至把本单位一些不该为外人知道的东西也说了出来，管理者本为保全自己的"面子"，如此一来，岂不是连"里子"都保不住了吗？"家丑不可外扬"，从某种角度来说，不是完全没有道理的。但要做到"家丑不可外扬"，管理者首先不要把下属的"丑"外扬才好。

俗话说："打人不打脸，说话不揭短。"给下属留面子，还要注意不要揭对方的老伤疤。当然生来就喜欢揭人伤疤的人是少数，但有的管理者在情绪不好的时候，甚至在暴怒的时候，可就很难说了。有些管理人事的负责人，对下属的过去知道得一清二楚，怒从心头起时，就难免口不择言，说些伤及下属自尊的话，其实这样做是最要不得的。

如果牵扯到人的问题、感情的问题，那么，下属可能就会产生这样的心理："都已经过去的事情了，现在还抓住不放，真是太过分了。在这种人手下工作，只怕是一辈子也不会有出头之日了。"

王小姐在一家公司项目部做策划师，她的顶头上司是一位女强人，平日心情不好的时候总会抓住下属的一点错处大加训斥，训到兴起时免不了揭一些下属的短。有一阵儿，公司业务非常萧条，女上司的脸色常常阴晴不定。

有一天，王小姐上交了一份策划方案，女上司看了以后很不满意，叫来王小姐就是一顿训斥，王小姐忍不住辩解了几句，惹得女上司暴跳如雷："你不过是一个三流学校的专科生，别把自己当盘菜似的！"听完这句话，王小姐觉得心里委屈极了，泪水一个劲儿在眼里打转，一转身就跑出了办公室。

第二天，她就递交了辞职报告。王小姐负责的项目也因为一时找不到适合人手而耽搁了，给公司带来了损失，女上司因此遭到了老总的严厉批评。

揭人伤疤，除了让人勾起一段不愉快的回忆外，于事无补。这还会让在场的其他下属不大舒服。因为伤疤人人会有，只是大小不同。见到同事血淋淋的伤疤，只要不是幸灾乐祸的人，都会有"兔死狐悲，物伤其类"的感觉。

有的管理者对此振振有词，"并不是我喜欢揭人伤疤，而是他的态度实在太恶劣，一点悔过的意思都没有。我这才忍不住翻起旧账来的"。

事实上，企业中的各种业务，每一次都要有个完结，这很重要。

过去的事已经过去，应该努力把现在的事情做好。如果没有"今日事今日毕"的好习惯，把现在的事拖到将来，那么，在将来的日子里，你就得不停地翻旧账，这是一种恶性循环。办事越拖，旧账越多；旧账越多，办事越拖。

成长需要过程，下属能力和素质的提高也需要过程，拔苗助长的结局是悲惨的，身为管理者要三思而后行，给足下属面子。

软硬兼施，双管齐下

既打又哄，恩威并举，是管理的一门高深学问。如何又来软的又来硬的，又唱红脸又唱白脸，很少有管理者能将力度拿捏得恰到好处。糊涂点儿的管理者，要么一味乱挥大棒，认为似乎只有打压才管用，结果是毛驴儿炮蹶子，打碎了锅也洒了汤，对谁也没好处；要么推恩施惠，结果吃馋了的猫儿不捉鼠，即使是鲜鱼摆在眼前，也无法发挥出足够的诱惑力；而懂得领导艺术的管理者会一边灌黄连汤，一边又给甜豆儿，叫下属尝遍苦尽甘来的滋味。

要说这方面的高手，非清代权臣曾国藩莫属，他那种既打又哄的伎俩，曾使多少下属诚惶诚恐，甘心为其效力。

清代"僧王"僧格林沁死后，曾国藩接替剿捻事宜，与猛将陈国瑞打上了交道。在处理陈国瑞与刘铭任所统率的两军械斗事宜时，曾国藩感到只有让陈国瑞真正地心服自己，在今后陈国瑞才能真正地为己所用。于是，曾国藩拿定主意，先以凛然不可侵犯的正气打击陈国瑞的嚣张气焰，继而历数他的劣迹暴行，使他知道自己的过错和别人的评价；当陈国瑞灰心丧气，准备打退堂鼓时，曾国藩话锋一转，又表扬了他的勇敢、不好色、不贪财等优点，告诉他是个大有前途的将才，切不可以莽撞自毁前程，使陈国瑞又振奋起来；紧接着，曾国藩坐到他面前，像与儿子谈话那样谆谆教导他，给他订下了"不扰民、不私斗、不梗令"三条规矩，一番话说得陈国瑞口服心服，无言可辩，只得唯唯退出。

但是，陈国瑞莽性难改，所以一回营就照样不理睬曾国藩所下命令。看到软的作用不大，曾国藩马上请到圣旨，撤去陈国瑞帮办军务之职，褪去黄马褂，责令戴罪立功，以观后效，并且告诉他再不听令就要撤职查办，发往军台效力了。陈国瑞一想到那无酒无肉、无权无势的生活，立即表示听曾大人的话，率领部队开往指定地点。就这样，曾国藩既拉又哄，控制了陈国瑞这员猛将。

管人，单凭软的手段或者硬的手段都不妥，硬虽然可以镇住局面，但万马齐喑，毫无生气；软，虽说和风细雨，恩泽天下，却约束不住下属，结果让其无法无天。唯有既打又哄，软硬兼施，双管齐下，才能达到最佳的效果。

在一家塑胶加工机械厂，厂里年轻的王技师跟生产组长因为对机器改良设计意见不一，爆发了激烈的争吵。生产组长的不满情绪是事出有因的，经理新招来的这位王技师，地位和待遇都比原来的老技工高，他自然就有点不服气。

冲突发生之后，经理决定另外设立一个开发部，由王技师主持，生产组长则专门负责生产。经理把王技师叫来深谈，说："你现在独当一面，责任加重了，我应该给你加一点薪水，但我相信你了解我的苦衷，现在还不能给你加。好在你还年轻，又有自己的理想，不会计较这些。不过，我可以向你保证，我绝不会让你吃亏。"

接着，经理又把生产组长叫来训斥："你简直是在胡闹，身为生产组长，竟当着那么多人跟王技师吵起来，这成什么体统？年资比人家深，即使有什么不满，也该忍下来，事后可以跟我说。"接着又以一种对待自己人的语气说，"你跟我十几年，你的能力我当然信得过。但你要知道，厂里要开发新产品，光凭你我两个人是不够的，必须要吸收新的人才，如果我用一个新人，你就跟人家吵一架，谁还敢到我们这里来？经验固然重要，理论也不是一文不值。以后你的气量要大一些，免得人家说我这个经理只把几个老人当宝贝，帮着你们欺侮新来的。"听了这番话，生产组长心想，经理把他当成自己人看待，除了惭愧还能说什么呢？

由以上事件看来，这位经理是很懂得"恩威并用"的。技师和组长犯的是同一错误，但由于对象不同，他处理的方式也是因人而异。假如用对待组长的态度对待技师，技师在一气之下，也许拍拍屁股就不干了；用对待技师的态度对待组长，他不会觉得这是对他客气、尊重，反而会认为这是在跟他闹"虚套"。

所以，不同的下属的个性、观念不尽相同，"恩威并用"所采取的手段也不宜千篇一律，必须依靠管理者平时对下属的细加观察，灵活地加以运用。

有的管理者片面地强调"威"的作用，而忽视了"恩泽"的作用。

其实，管理是通过下属来完成任务的一门艺术，而人是有思维、有感情的。如果员工精神状态好，那么生产的效率就高；反之，效率则低。唐僧给孙悟空念"紧箍咒"时，尚且记得不能太过呢。你把他念得个"一魂归龙宫""二魂归天庭""三魄归花果山"，谁还替你打前站呀？

施"恩"于人，来"软"的，不是单单搞"刘备摔孩子"和"遇事装可怜收买人心"的要手段、要手腕，而是要做到和风细雨、以心换心、充分尊重、与人为善。比如，站在员工立场帮员工制定职业生涯规划，看他适合做什么，让他到合适的岗位上，并不断地进行各个层面的技能培训和素质培训，使他能"芝麻开花节节高"，成为对企业、对社会有用的人、做出更大贡献的人。又如，下属有些小过小错，一定要提醒，但也切记宽容，记录在案以备查，而不是一阵穷追猛打。有许多身居高位的人物，会记得只见过一两次面的下属的名字，在电梯上或门口遇见时，点头微笑之余，叫出下属的名字，这同样也是"恩"的一种表现。

总而言之，管理者要"知人知面又知心"，既不能一味地嘻嘻哈哈，讨好员工，也不能面沉似水，冷若冰霜，常常要软硬兼施。如此这般，员工才能充满激情，企业才能保持难得的生命力。

委派任务与下达命令的技巧

在一个公司内部的人际交往中，最能体现管理者沟通技巧的事情，就是向下属下达命令、委派任务。这并不是简单说几句话那样容易的事情，因为管理者下达命令的目的，是让下属圆满完成任务。如果下属未能完成任务，管理者的委派工作就相当于"无用功"。

事实上，许多管理者在委派任务方面都不太合格。比如，有的管理者常常会这样说：

"小赵，以最快的速度把这个策划方案写出来，如果明天早上我在办公桌上没有看到它，我将……"或者是："我对你说过多少次了，你怎么总是记不住？你怎么可以这样做？快点停下手中所有的工作，马上重新修改！"

这样的话，我们与下属的关系就完全进入了死胡同。为什么会出现这种结果？原因就在于我们下达命令的方式。我们把自己放在领导的位置上，总认为有权力在下属面前指手画脚，颐指气使。实际上没有任何一位下属喜欢这种命令的口气和高高在上的姿态。虽然我们是管理者，对方是小职员，但在人格上双方是平等的，只是职务不同，分工不同。就算管理者比职员具有更多的权力，也是由后天职务带来的，而不是我们一出生就带来的。

因此，管理者想让下属用什么样的态度去完成工作，就用什么样的口气和方式去下达任务。多用"建议"，而不用"命令"。这样不但能维护下属的人格尊严，而且能让他们积极主动、创造性地完成工作。

ZHANG KOU BI YING

有一位优秀的经理从来不直接以命令的口气来指挥下属。他每次委派任务时先把自己的想法讲出来，然后问："你觉得这样做可以吗？"当他在口授一封信之后，经常说："你觉得这封信怎么样？"如果他觉得下属撰写文件需要改动时，便会用一种征询、商量的口气说："也许我们把这句话改成这样，效果会好一点。"

在这样的经理手下工作，下属一定会感到轻松而愉快。即使犯了错误，经理也不会以严厉的口气批评下属，而会温和地告诉他们正确的解决方法。

约翰是一家小工厂的厂长，有一次一位客户送来一张大订单。当时他的工厂业务很多，很难在客户要求的时间内生产出订单需要的产品，然而这是一笔难得的大生意。

约翰没有下达命令要求工人们加班加点来赶出这张订单，而是召集全体员工，说明了实际情况。然后他指出假如准时完成这张订单，能为工厂带来巨大的经济效益。

他问员工："谁能想出一个更好的办法，让我们接下这张订单……我们能不能调整一下工作时间，或者重新安排一下工作任务？"

工人们提了许多意见，支持约翰接下这张订单；而且以"我们可以完成"的态度抓紧时间工作，如期出货。

实践经验告诉我们，管理者安排工作时不要像部队中的长官那样下达指令，而应该采用建议、询问或指导的沟通方式。这样不会削弱指示的分量，反而能让下属乐于接受任务。

除了采取恰当的沟通方式，管理者在委派任务、下达命令时，还应做到以下几个方面。

1. 确定需要委派的任务

认真考察要做的各种工作，确保自己理解这些工作都需要做些什么、有些什么特殊问题或复杂程度如何。在没有完全了解这些情况和工作的预期结果之前，不要轻易进行委派。

2. 确定能够完成任务的下属

首先对下属进行综合评价，包括下属对工作的了解程度及完成工作的速度。其次考虑任务完成的优先次序，不要把次要工作分配给时间价值观念很强的下属。

3. 命令指示要明确

一条好的指示就像一篇任务说明书，它明确说明了特定的目的和原因。

假如对下属说："竭尽全力搞好这份建议书。"这个指示不会给下属留下深刻的印象，它是一条非常含糊不清的指示。如果在这句话前加上一句："这份建议书是这一年中我们送给最重要客户的最重要文件。"这样就会大大增强指示的重要性，能够促使下属最先完成这项任务。

4. 明确指示完成任务的时间

比如对下属说"这份方案报告需要你再花些功夫"，就是一条语意不明的指示，因为它没有说明究竟需要花多长时间。从理论上讲，下属可以一直不停地干下去。一条好的指示应该加上一句："你最好在下周三前完成，因为下周四董事长需要这份报告。"

5. 明确指示完成任务的方法

一条好的指示，一般含有正确的行动手段和程序说明。如果管理者说"注意一下这个问题"，或者"先不去管它"等，下属们不一定总能准确地领会管理者的意思。比如管理者安排下属给另外一家公司的经理打电话时，应该详细告诉他打电话的时间、与对方沟通的方法，以及需要回避的注意事项等。

6. 监督任务完成情况

把任务安排妥当之后，还应有计划地检查进展情况。不同任务的检查计划也有所不同，主要取决于任务的难易程度、下属的能力及完成任务需要的时间。如果某项任务难度很大并且非常紧急，更需要经常监督。

面对下属的过错怎么说

很多管理者指责下属过失的时候直截了当，毫无顾忌，因为他们觉得自己占理，而对方犯了错误，就应该遭到谴责。实际上这种做法是错误的。伟人也好，凡人也罢，每个人随时都可能出现和存在过失。但无论是谁，当做了错事的时候，内心总是充满愧疚、悔恨、自责甚至恐惧。因此，在指出和纠正别人的过失时，管理者应讲究方法和技巧，否则容易强化犯错者的消极心理。尤其是企业管理者面对这种情况时，最好采取以下沟通技巧，委婉地指出、纠正下属的过失。

先肯定下属以前的成绩

老话儿说得好："倒洗澡水的时候，不要将孩子也一起扔了。"同样，批评错误行为的时候，也不能将下属的积极性也一同抹杀了。就像医生看病一样，不能在切除患者病灶时，将其他正常器官也一并顺手牵羊。也就是说，在批评下属时，不能将下属"一棍子打死"，不如"先褒后贬"，先对下属的某些长处表示赞赏后，再进行批评，许多优秀的领导都能灵活运用这种方法。

ZHANG KOU BI YING

窦女士是一家电器经销公司的客户服务部经理。最近，有一位下属在工作中经常出错。窦女士并没有对他直接批评或责骂，而是把他叫到办公室，跟他进行了简短的沟通。

窦女士是这样说的："你是一位很棒的技工，在这条生产线上工作好几年了，顾客对你修出来的电器非常满意。事实上，很多人都夸奖你的技术好。只是最近你完成一件工作所需的时间好像加长了，而且质量也比不上以前的水准。我想，你也知道我对现在这种情况不太满意。也许我们可以一起来想个办法改正这种情况。你认为呢？"

下属点点头，说："窦经理，这段时间我对工作确实有些怠慢，非常感谢您给我改正的机会，我保证以后一定要改进。"此后，这位下属工作非常用心，也非常出色。

窦女士在对下属进行了真诚的赞美之后，却又委婉地加上"只是"两个字，然后话锋一转再表达自己的真实想法。采取这种沟通技巧既照顾了下属的面子，又传达了自己的不满，可谓一举两得。

点到为止

很多情况下，下属出现过失并非主观上故意为之，而是一时冲动或糊涂所致。这时候管理者不必完全说破，只需要轻轻一点，就能够达到较为理想的效果。

ZHANG KOU BI YING

某排球队伍为了保持队员的战斗力，每隔几年就要调换一批队员。每次队伍调整后都会遇到怎么处理新老队员关系的问题。

在一次训练中，李萍与当时的新二传手杨兰练习战术配合。不是杨兰传高了，就是李萍跑快了，或者不是杨兰传低了，就是李萍跑慢了，总是协调不起来。

眼看训练结束时间快到了，可训练指标还没完成。李萍有些不耐烦了，扣完之后去捡球时，使劲把球踢到墙上，反弹之后再捡起来。杨兰见李萍这副样子，有些心慌，两人配合得更加糟糕了。

这时，教练把队员们叫到身边，对她们说："你们仔细回想一下，过去老队员是怎么带你们的。现在，你们自己又应该怎么带新队员……"

聪明的李萍马上反应过来，很快调整了情绪。杨兰见教练批评了李萍，支持了自己，也不再那么紧张了。继续练球时，杨兰越传越放得开，与李萍的配合很快协调起来。

对于下属容易改正的错误，管理者最好使用沟通技巧，说一两句话使其明白即可，然后将话题转到其他地方。如果抓住不放，喋喋不休地唠叨个不停，容易让下属陷于窘境，产生反感心理。

平等沟通，不可居高临下

无论职位高低，所有人在人格上都是平等的。因此即使下属出现过失，管理者批评指正时也要尊重对方的人格，切不可居高临下，颐指气使。

有些管理者如果和下属发生口角，正在气头上，经常会说："到底是听你的还是听我的？"或者说："这里谁说了算？"

这种沟通方法除了让下属勾起一些不愉快的回忆，只能于事无补。

不仅被批评者觉得自尊心受到伤害，旁观的人也会感到不舒服。时间久了，这样的管理者将会脱离基层群众，渐渐失去人心。

"打一巴掌揉三揉"

"打一巴掌揉三揉"的方法也叫"打一巴掌给个枣儿"，西方则叫"胡萝卜加大棒"。实践证明，管理者运用这种沟通方式指责下属的过失时，不仅不会使下属产生抵触情绪，而且会使下属感到无地自容，甚至对管理者产生感恩戴德的想法。

ZHANG KOU BI YING

有一次，某公司的员工小王犯了一个不大不小的错误，被经理叫进办公室。经理拿着一根钢筋棍，一边拼命敲打地面，一边破口大骂。直骂得小王无所适从，正要悻悻离去时，经理叫住他说："等等！刚才我太生气了，竟然把钢筋棍打弯了，你力气大，帮我把它弄直好吗？"

小王把钢筋棍弄直之后，经理称赞说："嗯！很好，你真不错！"然后让他坐下，语重心长地说："哎，你们这些年轻人啊，就像这钢筋棍一样，时间长了不敲打敲打就不行。你这么做，对得起我这么多年的照顾吗？我也有上司，咱们得对公司负责。你说这事我要是告诉总经理，还不得把你开除了？而且你又那么优秀，毁在这么一件小事上多不值得呀！"一席话说得小王心悦诚服，连连向经理保证下次再也不会犯类似错误了。

例子中，经理先是把小王大骂一顿，然后又好言劝慰，既达到了批评的目的，又让下属心悦诚服，真可谓一举多得。

借用他人的话批评下属

列宁曾经与高尔基讨论过一个问题。高尔基认为"苏维埃政权对敌人的镇压太残酷了"，列宁认为高尔基的观点是错误的。这时，彼得堡的一位老工人来见列宁，向列宁报告敌人的猖獗活动，并说："如果不向富农作斗争，苏维埃政权就难以维持。"列宁看看高尔基，对老工人说："那样的话有人会说我们'太残酷了'。"老工人立即反驳："残酷的不是布尔什维克，而是敌人，他们到处烧杀抢掠。"

列宁没有直接批评高尔基，而是借用老工人的所见所闻，间接地批评了他。

假如列宁义正词严地指出高尔基的错误，对方可能会认为伤了自己的自尊而心生反感，一定会出言争辩。这样不仅达不到纠正对方过失的目的，反而会恶化双方之间的关系。而采取借他人之口传达自己观点的沟通技巧，则显得比较含蓄委婉，对方往往更容易接受。

以理服人

圣人闻过则喜，可有几个人能成为圣人呢？批评是对人的一种否定，也许领导者觉得自己是一番好意，可是下属却不一定能领会到，反而认为你在挑刺，所以，要让下属感受到你的真诚，就要以理服人。

被人们奉为"经营之神"的日本实业家松下幸之助，从一个商店的小伙计起步，经过自己的不懈努力，创建了盈利额居日本大公司榜首的松下电器。松下幸之助批评人的宗旨是"以理服人"。

有一次，他把一个犯有过失的下属叫来，对他说："我对你的做法提出批评。当然，如果你对我的批评毫不在乎，那么，我们的谈话就到此为止；如果你对此不满，认为这样太过分了，你受不了，我可以作罢；如果你心服口服，真心实意地认为我的批评确有道理，那么，尽管这种做法会使你付出一定代价，但它对你仍然是值得的，你通过深刻的反省，会逐渐成为一名出类拔萃的管理者。请你考虑一下。"听了松下的这番话，那个下属说："我都明白了。"后来，那个下属果然心悦诚服地接受了批评，成了一名优秀的管理者。

"丢了羊"，要及时"补牢"

有些管理者一时冲动之下，可能按捺不住火气，当众训斥下属，旋即意识到自己做得不对，此时好像"丢了羊"一样。为防止继续"丢羊"，管理者就必须立即采取"补牢"措施，将因一时冲动而产生的副作用缩减到最小。

某经理对工作一丝不苟，只是脾气非常暴躁。有一次，他看到部门主管在工作中出了一点差错，便立刻暴跳如雷，大声斥责部门主管。事后，经理冷静下来，觉得自己太冲动了。于是，下班前，派人找来部门主管，说："今天委屈你了，怪我太冲动，没有了解清楚具体情况就责怪你，请原谅。"几句话使部门主管的心得到了安慰，同时又有种被信任的感觉，再大的委屈也飞到九霄云外了。

作为管理者，你有批评员工的权利，但是，如果不讲究方式方法，不但达不到预期的效果，还会使上下级关系雪上加霜，所以，必须要掌握批评的艺术才行。

用激励话术，调动下属积极性

美国著名企业家艾柯卡说："企业管理无非就是调动员工积极性。"这句话深刻指出了企业管理者的工作实质。现实中虽然很多管理者都知道激励的重要性，但是由于沟通方法不当，不能充分调动下属的积极性。那么，要想实现有效激励，管理者需要掌握哪些沟通方法呢？

赞美激励法

畅销书《奖励员工的一千零一种方法》的作者鲍勃·纳尔逊说："在恰当的时间从恰当的人口中道出一声真诚的感谢，对员工来说比加薪、正式奖励或众多的资格证书及勋章更有意义。"这样的奖赏之所以有效，主要是因为管理者在第一时间注意到相关员工取得了成就，并及时地亲自表示嘉奖。

有一天晚上，小偷光顾了某家公司。正当小偷撬保险柜时，公司的一位清洁工与之进行了激烈搏斗，最后保住了公司的财产。清洁工本来是一个最被人忽视、被人看不起的角色，事后有人问他奋不顾身的原因，答案出人意料。他说：
"公司的总经理每次从我身旁经过时，总会夸奖'你扫的地真
干净'。"

总经理一句简单的赞美话语，就使这位清洁工受到感动，并且在
关键时刻挺身而出。这就是赞美激励的力量。

信任激励法

如果下属在完成一项任务的过程中得不到管理者的信任，他就会
觉得工作没有任何意义，也就不会再积极地工作。因此，管理者在给下
属分配任务时，如果没有赋予信任，而是怀着猜疑的心情，严密监控，
做事的人就很难把事情做好。而且，信任是相互的，管理者不相信下
属，下属也就很难相信管理者，更谈不上对企业的忠诚了。

ZHANG KOU BI YING

卡尔松担任北欧航空公司董事长时，进行了一项改革，
改革目标是把北欧航空公司变成欧洲最准时的航空公司。他
委任一名下属负责此事。

几天之后，卡尔松问那位下属："怎么样？可以实现我的
目标吗？"

下属回答说："当然可以了，但是大概要花6个月的时
间，还需要150万美元……我带来几位同事，准备向您汇报。
让他们告诉您我们的工作计划。"

卡尔松想都没想，摆摆手说："不用汇报了，你们放手去
做，我相信你们的能力。"

4个多月之后，下属圆满完成了卡尔松交给的任务，而

且为公司省下一笔巨额费用。

有人说"信任是最大的激励"，这话有一定道理。管理者的一个基本责任就是了解员工的价值，然后鼓励他们主动尝试。与下属沟通时无需太多的语言，经常对他们说"我相信你""放手去做""你一定能出色地完成任务"等等，就会充分调动下属的主动性和积极性。

成就激励法

曾经有人问微软的一位员工："你为什么要留在微软？"员工回答说："因为微软有很多机会让员工有成就感。"按照心理学家马斯洛的"需求层次"理论，人们除了追求物质之外，更渴望自我价值的实现。从这种意义上来讲，成就感比物质奖励更能激励下属。

有一年除夕，电子厂的库房管理员马先生收到一张贺年卡，是经理寄来的。第二年除夕，马先生又收到一张"先进工作者"荣誉证书。马先生将这些奖励挂在墙上，亲朋好友来拜年时看到这些东西，纷纷表示赞扬和祝福："嘿，登上光荣榜了，不错呀，新一年里加油干，再上光荣榜！"

虽然电子厂经理没有当面用语言夸奖马先生，但这也是一种沟通的技巧。寄去的贺卡和荣誉证书，满足了马先生的成就感。在这种成就感的激励下，他将以更加积极的态度去工作，去为公司创造更大的效益。

情感激励法

所谓情感激励，就是管理者以真挚的情感，通过增强与下属之间的情感联系和思想沟通，满足员工的心理需求，从而形成和谐融洽的工作氛围，激发员工的积极性、主动性和创造性。

ZHANG KOU BI YING

吴起是战国时期著名的军事家，一生经历过无数次战役。无论军队战斗力多么弱，在他的指挥下都可变成虎狼之师。一方面因为吴起具有卓越的军事才能，另一方面得益于他懂得对士兵进行感情投资，深受士兵爱戴。

有一名士兵身上长了脓疮，吴起竟然亲自为他吸吮脓血。全军上下非常感动，唯有士兵的母亲痛哭流涕。人们问她："将军亲自为你儿子吸脓疮，这是多么荣耀的事情，你为什么要痛哭呢？"母亲说："以前吴将军对我的丈夫也特别好，打仗时我的丈夫总是冲锋在前，最终战死沙场。现在我的儿子又受了这样的恩惠，肯定也会誓死效忠，恐怕也活不长了。"

杰出的统帅都懂得笼络士兵，在他们身上进行感情投资。在一个企业中，如果没有销售人员去联系业务、抢占市场，就不会有团队的业绩和公司的发展。因此，管理者要掌握情感激励的沟通方法，去激发下属的潜能，调动下属的积极性。日常工作中，一句"你的父母身体很好吧？""房子装修好了吗？""你快结婚了吧？"之类的话语，便可温暖下属的心，达到理想的激励效果。

松下幸之助曾经说过："最失败的管理者，就是那种员工一看见你，就像老鼠见到猫般没命地逃开的管理者。"他每次看见工作辛苦的员工，都要为他泡一杯茶，说上一句："谢谢你，你辛苦了，请喝杯茶吧！"

这种看似不起眼的言行，正是沟通的精髓所在。天下大事，必作于细。管理者在微小之处体现出对下属的尊重与关爱，就会得到下属的拥护，同时也能激发下属的潜能，从而以更加积极主动的姿态努力工作，推动公司不断发展壮大。

第9章

张口必赢

谈判桌上显身手，
三寸能敌百万师

谈判是两个或多个人或组织之间就共同关心的一些利益或其他问题进行磋商，交换意见，寻求解决的途径和达成协议的过程。而这一过程可谓是双方斗智斗勇的过程，不但要求谈判者有很高的智慧，还对谈判者的语言运用有很高的要求，语言的好坏也决定着谈判的质量。所以制造谈判时的气氛、谈判语言的巧妙运用等技巧是每一个谈判人员必不可少的。

开局友好助谈判

俗话说，"良好的开端是成功的一半。"一个好的开场，有助于良好的谈判气氛的创造。为了避免双方一开始就陷入剑拔弩张的气氛中，我们需要掌握一些入题的方法，让气氛变得轻松些、活泼些。

美国谈判学家卡洛斯认为，只要是谈判，都有其独特的气氛。良好的谈判气氛有助于谈判者发挥自己的实力。所以，我们在参加谈判的时候，一定要掌握创造良好气氛的手段或者技巧，为谈判的成功创造条件。

谈判前的寒暄

在进入谈判正题之前，一般都有一个过渡阶段，在这个阶段，双方一般要互致问候或谈几句与正题无关的问题，以此来缓解谈判前的沉闷。谈判前亲切的寒暄能拉近双方的距离，营造良好、融洽的氛围。

在寒暄的时候，有一点一定要切记：不要涉及令人沮丧的话题。

得体的动作和表情语言

得体的身体动作或者合理的手势也是影响谈判气氛的重要因素。特别值得注意的是，由于各国、各民族的文化和习俗的不同，对各种动作的反应也不尽相同。

比如，初次见面时的握手就颇有讲究，有的国家地区的习俗认为这是一种友好的表示，给人以亲近感；而有的则会觉得对方是在故弄玄虚，有意谄媚，会产生一种厌恶感。因此，谈判者应事先了解对方的背景、性格特点，区别不同的情况，采用不同的形体语言。

表情语言是内心情感的表露，包括形象、神态、眼神等，可以传递无声的信息。谈判人员是信心十足还是满腹狐疑，是轻松愉快还是紧张呆滞，都可以通过表情流露出来；你是诚实还是狡猾，是活泼还是凝重，也都可以通过眼神表示出来。所以，在谈判时，应时刻注意自己的表情，通过表情和眼神表现出自信以及友好、合作的愿望。

这些都会为谈判的气氛带来不同的影响，如果你的动作让人反感，如果你的表情让别人厌恶，那么谈判的气氛也不会很好。

用转折语缓和气氛

谈判的过程就如同和强大的对手打网球，如果遇到不太友好的对手，对方的进攻可能会很激烈，这时你可以用转折语来缓和紧张氛围，使谈判顺利进行，这样才能获得胜利的机会。

ZHANG KOU BI YING

刘丽有一次代表公司和客户谈判，因为对方感觉刘丽出价太高，所以说话也不太友好，刘丽感觉到对方此时情绪有些失控，于是便顺着客户的话头说："其实我们的价格是稍微高了些，不仅您说贵，其他很多客户也说贵。不过您不能只看价钱，我们公司的产品能够解决普通同类产品无法解决的问题，比如……"通过详尽耐心的沟通，客户也感觉刘丽公司产品的性价比高，态度也慢慢缓和了下来。

幽默语言及其他方式调节气氛

谈判气氛并不是一成不变的。本来轻松和谐的气氛可以因为双方在实质性问题上的争执而突然变得紧张，甚至剑拔弩张，一步就跨入谈判破裂的边缘。这时双方面临最急迫的问题不是继续争个"鱼死网破"，而是应尽快缓和这种紧张的气氛。

这时，我们可以使用幽默语言来缓和气氛，在现代商务谈判中，幽默发挥着越来越重要的作用，已经被看做调节气氛的最好手段。

当然，在谈判双方就某一问题发生争执，各持己见、互不相让，甚至话不投机、横眉冷对时。也可以建议暂时停止会谈或双方人员去游览、观光、出席宴会、观看文艺节目，也可以到游艺室、俱乐部等处娱乐、休息。这样，在轻松愉快的氛围中，大家的心情自然也就放松了。更主要的是，通过游玩、休息、私下接触，双方可以进一步增进了解，清除彼此间的隔阂，增进友谊，也可以不拘形式地就僵持的问题继续交换意见，寓严肃的讨论于轻松活泼、融洽愉快的气氛之中。这时，彼此间心情愉快，人也变得慷慨大方，谈判桌上争论几个小时无法解决的问题，在这儿也许会迎刃而解。

谈判的发问技巧

谈判时提问是一种非常流行的谈判技巧，提出问题可能为了不同的目的，有时是为了获得信息，有时是为了回避其他问题、拖延时间，也有时干脆是没话找话。掌握谈判时的问话技巧，就可以把握住谈判场上的主动权。

试探提问破防御

谈判者第一次使用提问方式一般是作为试探对方防御的一种方法。在对方的主张中发现一个弱点，并为了在发动大的攻势前肯定它，就可以试探提问来确定此弱点。

ZHANG KOU BI YING

一个买方看完卖方出示的一份报价单后，可以用这样的话开始讨论："我看了你的报价单，在研究细节之前，你是否可以完整地解释一下，这次价格高于上一次，是用什么方法计算出来的？"卖方不知道买方是否在总体上同意他投标中提出的报价，任何全面的回答可能只是向买方提供新的攻击点。卖方可以采取下列回答："很抱歉，我本来以为我们的报价单已清楚地说明了总的情况，但我们将乐于澄清使你感到不满的问题，什么事使你特别担心？"卖方的反问是为了更清楚地摸清买方到底属于哪一种情况：是不满报价，还是只想得到更多的信息。这样，卖方通过反问，重新获得主动权。

提具体问题巧进攻

谈判时想要获得主动，可以提出一些只能提供数据回答的具体问题，这决定于问题本身的措辞。比如可以问"你在计算提价额度时用什么工资和材料价格指数？""你们生产和检验的程序是怎样的？""搞出布局图样需要多长时间？"这种提问方式的前提是需要事先知道对方的回答或知道一部分，这样才能方便向对方进攻。

选择性问题获得利益

在谈判初期，想要获得有利于自己的条件和争取更多的利益，可以采用提出选择性问题的方式。这种提问可以使谈判的形式不拘泥于固定模式，从而有益于掌握主动权。

比如，某商场休息室内经营咖啡和牛奶，如果服务员在面对客户时这样提问："先生请问您需要咖啡吗？"或是："先生请问您需要牛奶吗？"往往业绩会很平常，因为服务员所提供的服务并不一定满足客户的需求。但是如果服务员这样问："先生，请问您是需要咖啡还是牛奶？"结果业绩非常好。

正是因为这种选择性的问题让客户有了选择的余地，所以才能够获得更好的收益。

用承诺性提问获主动

有些问题回答只能是简单的是或否，这种回答是谈判者能给予的最强承诺，但是这种提问方式需要提问者已准备好理由且确信对方存在某些弱点，否则最好不要提出这些问题。比如在一场房产竞标中，提问者知晓对方需要特殊工种才能完成工程，可以这样提问："贵方是否需要一些特殊工种才能完成工程？那你们所提预算应该需要向上调整，而我们的预算开支是有一定额度的，那如何才能不超出预算？"这样就能够掌握主动。

深思熟虑进攻提问

进攻性问题是一种既有价值又有危险的提问方式，这种提问容易引起对方的冲动，甚至可能引起冲突。所以这种提问需要在深思熟虑之后才可提出，比如你认为这个冲突是谈判中必要的，可以提出这样的问题："你怎么能说明那是合理的呢？""那怎么能算有根据呢？""那有什么正当理由呢？"

用"为什么"探究缘由

谈判时想知道对方某些做法的缘由，可以提出"为什么"这样的问题。这种提问方式在交涉初期有积极作用，它可以帮我们了解对方的态度和性格，也可以获得对提问者有益的情况。

比如下列的对话："我最多只能出十万元。""为何如此呢？""如果再多出，就无利可图了。""这是为什么？公司的原因？"……

这种提问方式，需要看准时机，如果对方试图提出新建议和准备让步，那最好不要用问为什么来探究缘由，否则会遭到对方的反击。

总之，谈判双方都可能提问，较主动的办法是将问题转给己方的专家回答，自己则可获得思考问题的时间及下一步应采取的策略。

谈判时的回答技巧

ZHANG KOU BI YING

在谈判中回答对方提出的问题，是一件很不容易的事情，因为不但要根据问题回答，而且要给对方满意的答案。并且作为谈判者，你的回答就是对对方的一种承诺，所以如何回答对方提问就成了谈判的一定筹码，下面就介绍几种谈判时回答问题的技巧：

守口如瓶巧防御

守口如瓶的回答，需要用佯作误解来配合，这样可以促使对方继续说下去，而说得越多，就暴露越多，越容易了解对方的真实动机和最低谈判底线。比如对方提问"我们希望能够获得你们的技术支持，条件已经在计划书中，如何？"对方的问题可能是在探问你的技术能力和方向，这时你可以回答："我们的技术处于理论阶段，你们是不是想和我们共享技术优势？"佯作误解可以促使对方重复其论点，这样己方就能够获得时间考虑对方论点的是非曲直，以决定对策。

模棱两可回答问题

在回答对方的问题时，可以不给对方所希望的答案，而是模棱两可，这样能够避免直接回答问题，也能给己方时间考虑对策。这种方法一般用这样的措辞开头："据我理解你提出的问题，你是要求……"，接着把问题再描述一下，词句稍作改动，然后就重新描述的问题进行回答。

笼统答案避核心

很多时候，对方谈判时提出一些具体问题是为了了解你的详细情况，想要避开己方核心内容不让对方得到太多优势，可以用范围更广的笼统概念来作答。比如对方提问"不知道你们的产品是用什么原材料制作的？怎么价钱比其他同类产品高那么多？"对方因为对价格不满所以询问核心技术，这时你可以笼统地回答："的确我们的产品价格要高上些许，但是我们所采用的原材料比同类产品要优秀得多，我可以先为你介绍一下我们产品的优势！"这样既笼统回答了对方，也把话题转向讨论产品性能和作用的一般性问题中。

巧妙回避问题主旨

如果对方提出的问题太过苛刻或无法做决策，你可以不直接回答而采用回避的方法。比如对方问"你方能保证在规定的日期前完成吗？"你可以回答："让我们来看一下计划，然后告诉你在日期末的进展情况，你自己可以看出存在的问题以及我们所保证的宽限余地。"这样的回答方式可以为己方争取到更多有利的因素，从而把握谈判主动权。

先肯定后转折

在谈判过程中，直率地否定表示无调和余地的态度，这样会使谈判没有回旋的余地，所以如果对方提出的要求无法令你满意，可以先予以肯定回答，随后用"但是"来扩大谈判空间。比如在购买东西时，商家阐述了很多产品的优势，但提出的价格无法令你满意，你可以说："你说得不错，你的产品的确有很多优势，但是它的实用性和耐用性却降低了不少……"肯定的回答可以先让对方放松警惕，然后用"但是"来指出不能按对方意愿行事的理由，这样就能够多争取些对己方有利的条件，甚至可以让对方撤回要求。

反问转换谈判方向

在日常谈判中，有时我们可能无法满足对方所提出的一些条件，这时你可以采用反问的方式来转换双方谈判方向，从而取得其他的合作机会。比如客户问"你们的产品现在有红色的吗？"你可以这样作答："您是否感觉红色给人感觉更加舒服？我们这里还有黄色和蓝色两种颜色，不妨对比一下，看哪种颜色更适合？您的意见呢？"这样的反问方法不但能够巧妙转换谈判方向，让对方的注意力从所需求变成想需求，而且也能够给对方选择的空间，从而增加合作成功率。

遇到反对意见怎么说

在谈判中都会出现满足和不满足的因素。谈判双方都会出现一些需要克服的反对意见。面对反对意见，你如何解决，将直接影响你的谈判结果。

托马斯先生曾和一位钟表商就购买手表的问题商谈过。由于托马斯先生的妻子视力不太好，她所使用的手表的指针，必须长短针分得非常清楚才行。可是这种手表非常难找。他们费尽了心力，总算在这位钟表商的店里找到了一只托马斯太太能够看得清楚的手表。但是，那只手表的外观实在是不尽如人意。也许是由于这个缘故，这块手表一直卖不出去，而且150美元的定价似乎贵了一些。

托马斯先生说："这块表150美元太贵了。"

钟表商解释道："这块表的价格是非常合理的，因为这块表精确到一个月只差几秒。"

托马斯先生说："时间精确与否并不很重要。"为了证明自己的观点，托马斯先生还拿出了他妻子戴过的时装表让钟表商看，"她戴这只 10 美元的手表已经有 7 年了，这只表一直是很管用的。"

钟表商回答："喔！经过 7 年时间，她应该戴只名贵的手表了。"

议价时，托马斯先生又指出这只手表的样式不好看。钟表商却说："我从来没有看过这么一只专门设计成让人们很容易看的手表。"

最后，他们以 100 美元成交。

交易能否成功，在很大程度上就在于你如何去面对反对意见。

巧妙地处理对方的反对意见，谈判更为顺畅和成功。为此，你应该掌握以下技巧：

在和顾客谈判之前，先写下自己产品和其他竞争产品的优点和缺点。

记下一切你所能想到的，可能被买主挑剔的产品缺点或服务不周之处。

当顾客提出某项反对意见时，要在回答之前，了解问题的症结。

假如顾客所提出的反对意见是当时就能解决的，你可以立刻拿出证明来，这样还可以得到对方同意。例如，汽车推销员便可以如此说："你可能知道在豪华汽车比赛中，某品牌汽车只用了 1 加仑油就跑了 18 英里，这不就是证明吗？"

利用反问来回答对方，诱导对方回答你"是"。

你可以询问对方："你是不是正在为昂贵的维护费烦恼？"而对方的回答很可能是肯定的。既然对方不喜欢昂贵的汽油费和修理费，你就可以趁此机会向他介绍你所推销品牌的汽车优点了。

不要同意顾客的反对意见，这样会加强对方的立场。

汽车推销员如果说："是的，这个品牌的汽车维护费用是很高的，但是……"那就非常不明智了。

如顾客所提出的反对意见令你非常难以回答，那么你就要以可能的语气来回答，然后，再指出一些对顾客更有利的优点。

如，顾客认为你所推销的某品牌汽车的售价太高了，汽车推销员便可以如此回答："那么你是中意这辆车子了，只不过是价钱问题让你不能做决定，对不对？性能如此良好的车子，它的马力很大而且绝对地安稳，即使再转卖时价值仍是很高的，算起来是很经济的，每个人都可以拥有一辆车子，但并不是每个人都能拥有这么一辆高级的车子，许多大人物之所以喜欢以这样的汽车代步是有原因的。他们知道什么是真正的好东西。"

谈判时的技巧很多，在应付客户的反对意见时，还必须记住这个要诀：让顾客知道我们是了解他的观点的，同时还要巧妙地回答顾客的反对意见——不但要表达出你的了解，并且要诱导顾客对问题回答"是"。在遇到不能驳斥对方意见的时候，我们要避免彼此对立的形势。推销员碰到这种情况时，应该强调这项产品的优点对于买主有多么重要。尤其当顾客对价格有所异议的时候，最好是这么处理。

沉默：谈判中的"无声语言"

谈判时慷慨陈词、情绪激昂的大论，固然能够从气势上压倒对方，令人手足无措。但是，如果对方同样气势高昂、咄咄逼人，就会出现双方针锋相对的局面，这时适时的沉默就成为缓解尴尬的好办法。

装聋作哑巧沉默

谈判过程中，很可能会出现对己方不利的一些状况，甚至对方会借助一些优势来打压己方的气焰，这时就可以采用装聋作哑的方法来沉默对待，让对方没有办法。不过这种方法需要做到自然流畅，而不能太过出彩。

第一次世界大战后，土耳其靠自己的力量打败了甘愿当英国附庸的希腊，走上了独立的道路。英国为巩固自己的势力范围，准备严惩土耳其。于是，英方集结了法、意、日、希腊等国，各派代表与土耳其代表在洛桑谈判，企图胁迫土耳其签订不平等条约。

英国的代表是克遵，他身材魁梧，声如洪钟，是名震世界的外交家；而土耳其的代表伊斯美，不仅身材矮小，耳朵还有些聋，别说在国际上，甚至在国内都默默无闻。

克遵非常轻视伊斯美，在谈判桌上态度十分傲慢、嚣张，英国的其他代表也盛气凌人，但是伊斯美态度从容、气定神闲、毫无惧色。特别是他的聋耳发挥了特殊的作用：对土耳其有利的发言，他全听到了，不利的话，他全当没听到。

当伊斯美提出维护土耳其权利的条件时，克遵大发雷霆、挥拳吼叫、咆哮如雷，不断恫吓、威胁伊斯美。各国代表也气势汹汹地围着伊斯美，但伊斯美却听若未闻，什么话也不说。一直等克遵等人声嘶力竭地叫嚷完了，他才不慌不忙地张开右手，靠在身边，将身子转向克遵，十分温和地说："你刚才说什么？我还没听明白呢。"气得克遵等人直翻白眼，半天说不出话来。

伊斯美巧妙地利用其耳聋的缺陷，不与各国代表正面交锋，也没有言辞犀利的辩词，只是装聋作哑的沉默，大搞心理战，为坚持维护土耳其的利益而努力，三个月后，土耳其终于在谈判桌上取得胜利。在谈判中，适时的沉默是一种软性策略，不动声色、大智若愚、伺机而动方能克敌制胜。

用沉默表示不满

沉默也是一种语言，甚至是谈判桌上的利器。比如当对方提出不合理的要求，或者你对他所说的东西感到厌烦时，就可以坐在那里，一言不发沉默对待。这样可以让对方知道，你对他的话不感兴趣，能够起到一定限制作用。比如在谈判时对方谈话太言过其实，让你感到乏味，你可以拿起桌上的报纸或其他书籍，随便翻阅以沉默暗示对方：报纸和书籍虽然乏味，但也比你的话有意思。这样对方就会知趣地停止讲话。

此处无声胜有声

谈判中沉默所表达的意义是丰富多彩的。它既可以是无言的赞许，也可以是无声的抗议；既可以是欣然默认，也可以是保留己见；既可以是毫无主见、附和众议的表示，也可以是决心已定，不达目的不罢休的标志，谈判者应根据谈判进展和现场气氛，善用沉默的智慧。

ZHANG KOU BI YING

一位印刷商得知一家公司要购买他的一台旧印刷机，感到非常高兴，他仔细核算了一下，决定以25万元出售，并为这个价格想好了理由。谈判的时候，印刷商一再叮嘱自己要沉住气，不能先说出价格，果然，因为印刷商的沉默买主开始沉不住气了，也开始滔滔不绝地挑剔这台机器。然而对这个挑剔的压价术，印刷商只是报以淡淡一笑，仍然一语不发，保持沉默。最后买主终于按捺不住，从心理上败下阵来说："这样吧！我付 35 万元，但是一个子儿也不能多给了。"这个价格比印刷商当时自己估算的价格要高出很多，于是他欣然地拍板成交了。

沉默对抗要有耐心

在谈判过程中，如果你提出了一个诚恳的建议，但对方却给了你一个不完全的回答。这时，你可以等下去，用耐心的沉默让对手感到不自在，非得用回答问题来打破僵局不可。

不过要注意的是，你提出问题沉默后，一定要有耐心，不要继续提出其他问题或发表评论，以防止对手抓出话柄，这样，沉默的对抗才有可能奏效。

沉默也要有礼貌

面对滔滔不绝却很饶舌的谈判对手，可能你会感觉非常不自在，这时就可以采用沉默的方式，不过需要注意的是，一定要注意礼貌问题，不能表现出极不耐烦或无动于衷，可以用其他方式。

如果你对谈判对手的话不感兴趣，你不妨采取这种方式的沉默：不时地劝酒端茶，或者不时地看看表。这样，多数人见到这种姿态就会终止谈话。当然，也有少部分人故意视而不见，非得讲完不可。这时，你可以做一些明显动作：如动一动身体，或故意上一趟厕所，或借故干点别的事情。如果担心这些动作还是有不礼貌之嫌，你可以眼睛故意不看对方，而看身旁的某处。虽然听别人说话时应当看对方眼睛才礼貌，但游离的目光能够影响沟通效果，让对方减弱说话的兴致。

"求同存异"的谈话境界

大多数人在谈判前总是认为只有在谈判中己方获得的利益越多则标志谈判越成功。其实，这种看法与做法都是比较片面的，有时甚至是有害的。其实，最成功的谈判是谈判双方都获得自己想要的结果。

如果只把目光盯在获利的多少上，那么，在谈判方式方法上就会做得较为苛刻，这样会招致对手的反感。如果在对手刚好是比较看中长远利益的情况下，那么这种人所获得的引以为自豪的那部分利益将远远小于他本来可以获得的利益。他之所以认为自己获得的最多，是因为他没有看到今后与长远，而只是看到眼前。这种认为获利越多就越成功的做法是目光短浅的表现。

在现代谈判中，传统的分配模式已经跟不上时代了。新的谈判观点应运而生，这种观点认为，在谈判中每一方都有各自的利益，但每一方利益的焦点并不是完全对立的，这才是谈判追求的效果。一项产品出口贸易的谈判，卖方关心的可能是货款的一次性结算，而买方关心的是产品质量是否一流。因此，谈判的一个重要原则，就是协调双方的利益，提出互利性的选择。

一个最著名的成功谈判就是通过协调利益达成了双方都满意的协议，这就是"戴维营和平协议"。

1967 年，第三次中东战争之后，以色列占据了埃及的西奈半岛。当 1978 年埃以双方坐下来商谈时，他们的立场是水火不容的。以色列坚持要保留西奈半岛的一部分，而埃及则坚持全部收回西奈，人们最初反复在地图上划分西奈的埃以双方分界线，但无论怎样协商，埃以双方均拒不接受。显然，仅把目标集中在领土划分上是不能解决问题的。那么，有没有其他利益分配办法呢？以色列的利益在于安全，他们不希望归还西奈半岛后，埃及的坦克随时都有可能从西奈半岛边境开进以色列；而埃及的利益在于收回主权，从法老时代，西奈半岛就是埃及领土的一部分，埃及不想把领土让给一个外国入侵者。症结找到了，最后的协议是：西奈半岛完全归还给埃及，但是，要求大部分地区非军事化，以保证以色列的安全；埃及的旗帜可以到处飘扬，但埃及的坦克却不能靠近以色列。谁都不能否认，埃以协议的达成是一个令双方都满意的方案，这就是协调利益的结果。

在一定情况下，谈判能否达成一致取决于提出的互利性选择方案。为了更好地协调双方的利益，不要仓促地确定选择方案，在双方充分协商、讨论的基础上，进一步明确双方各自的利益，从而确定可以调和的利益。

当然，考虑对方的利益，并不意味着迁就对方、迎合对方。恰恰相反，如果你不考虑对方的利益，不表明自己对他们的理解和关心，你就无法使对方认真听取你的意见，讨论你的建议和选择，自然，你的利益也就无法实现。

成功的谈判要求谈判者既能坚持自己的利益，又不固执己见。最好的方案是开阔视野，为共同利益提出多种选择。

要做到这一点，应分两步走：

寻找共同利益

从理论上讲，共同利益有助于谈判双方达成协议，也就是说，提出一个能满足双方共同利益的方案，对双方都是有利的。作为一个谈判者，几乎总是要寻找一些可以令对方同样感到满意的解决办法，因为在一般情况下，你对谈判结局的满意程度都取决于对方对协议所期望的满意程度。

关于谋求共同利益，要牢记以下几点：

每一场谈判都潜伏着各方的共同利益，它们可能不是十分明显的。谈判者应努力去寻求合作与互利的机会。

共同利益是机会而不是天赐。谈判人员要善于创造机会、利用机会、抓住时机将共同利益明确地表述出来，系统地阐述清楚。

在互相交流的过程中，要尽量强调共同利益给双方带来的好处，尽量避免发生对谈判进展无益的争执，这样会使谈判在和谐的气氛中顺利进行。

尽量提出多种解决方案

要想使谈判获得成功，谈判双方应共同努力营造广阔的谈判空间，为此就要提出可以供双方选择的大量建议。多种选择的提出，可以通过以下途径：

从不同的角度看待谈判所涉及的问题。比如我们在进行一项贸易谈判时，就可以从银行家、发明家、房地产商人、证券经纪人、经济学家、税务专家或政府工作人员的角度分析所涉及的问题。思考他们将如何判断形势，将会提出哪些办法和切实可行的建议，从而为你对所涉及的问题做出多种选择提供帮助。

设法提出不同效力的协议。在谈判过程中，当无法取得所期望的协议时，千万不要轻言放弃，在不损及所预期的经济利益的前提下，不妨退而求其次，用准备好的"弱化"词提出大量可能的协议。

谈判中，谈判双方进行沟通的终极目的就是实现合作，以获取各自所预期的经济利益。

谈判让步有策略

ZHANG KOU BI YING

谈判过程是利益博弈的过程，需要双方都做出某种程度的让步，如果谈判的双方，互不让步或一方始终坚持不做任何一点让步，谈判各方无法达成任何协议，各方利益无法得到满足，谈判必定失败。因此可以说，没有让步，就没有合作，也就没有谈判。那如何才能做到合理的让步呢？下面就介绍几种谈判中让步的形式：

坚定的语气

这种让步方式需要在最初就以坚定的语气来谈判，让对方感觉妥协的希望很小，如果遇到顽固的买主，可能会试探性地要求你来让步，这样你价格让步的空间就能够自己把握，从而获得更多利益。比如在前期谈判时就说明："我们的产品不论从工艺还是技术上，不管是实用性还是性价比都是比较客观的，所以这个价格是很公道的。"如果对方仍然锲而不舍地要求减价，可以说："如果你们能够大量采购或长期合作的话，价格倒是可以稍微降一些，不过最多只能 15 元。"这样对方会不断地试探，然后争取最高让步，而这时你就可以将价位定在底线之上很多，从而获得更多利润。

渐进式让步

这种方法需要卖主能够把谈判的时间拖得更长些，先将要价开得高些，然后根据谈判对手的反应逐渐让步，直到最后双方达到一个平衡。这种方法有很强的试探性和回旋余地，在对对手信息掌握不够充分时，采用这种方法就可以避免造成无法挽回的损失。

但是这种让步方式使用久了，会让对方谈判者感到厌倦，从而失去耐心让我们获得更大的利益，所以可以把让步分成很小的部分，而每做一点让步，拖的时间越长越好。

表现强烈妥协意愿

在谈判过程中，卖主可以在价格方面表示出强烈的妥协意愿，不过同时也告诉买主：所能做的让步非常有限。在谈判的前期，有提高买主期望的危险，但是随着让步幅度的减少，卖主趋向一个坚定的立场后，险情也就渐渐地降低了。聪明的买主便会领悟到，更进一步的让步已经是不可能的了。

先礼后兵

这种让步形式就是要开始先做大让步，从而大幅度地提高买主的期望，接下来就需要拒绝让步和最后做很小的让步，这种方式比较有挑战性，因为如果一开始就做大让步，可能会因此不知道买主是否愿意付更高的价钱。比如你可以说："这样吧，在我原来的价格上再削减49元，不知道这个价格你是否满意？"随后的谈判就需要让对方知道，这个价钱已经是最低界限，进一步的让步是绝不可能的："这个价钱已经要血本无归了，所以希望你们可以体谅！"

失误性让步

这种让步形式要在对方对我们没有充分了解时使用，可以在谈判到一定阶段时，先让步降价，然后再轻微涨价，表现出因为失误而刚刚发现计算错误，然后再表示更坚持的立场，这样会让对方深感满意。比如在让步40元后，可以向对方说："哎呀，真是不好意思，刚刚是我一时口误，如果真的降价40元我们可就没利润了！价格还需要向上调整一些，真对不起！"这时对方肯定会坚持自己的价位，在一番口舌后，你可以说："哎，算我倒霉好了，既然已经说出来了，那就降价40元吧，不过希望你们能够多购进我们的产品以减少我们的损失！"

在谈判中，对方的反应决定于你所使用的让步策略。对卖主来说，最理想的让步策略应该是：起步要慢而小，让对方经过反复努力力争，之后再让步，这样对方才会倍加珍惜。

谈判具有极强的实践性与功利性。要使自己的谈判水平高超，既要有丰富的书本知识，又要有熟练的实践能力，更要具备良好的谈判口才。唯其如此，才能在谈判桌前立于不败之地。

谈判桌上的拒绝话术

ZHANG KOU BI YING

谈判中拒绝对方需要选择恰当的语言、方式和时机，并且需要留有余地，毕竟对方是客户，有着相互合作的可能，所以不能板起脸来，下面就介绍几种谈判中常见的拒绝技巧：

连串问题拒绝

在对方提出太过分的要求时，如果可以提出一连串的问题，让对方明白你不是一个可以任人欺骗和蒙蔽的笨蛋，这样无论对方回不回答问题，都能够让对方明白他的要求太过分了。

在一次中日关于某种农业加工机械的贸易谈判中，中方代表面对日本代表高得出奇的报价，巧妙地采用了问题法来加以拒绝。中方代表一共提出了四个问题："不知贵国生产此类产品的公司一共有几家？""不知贵公司的产品价格高于贵国某某牌的依据是什么？""不知世界上生产此类产品的公司一共有几家？""不知贵公司的产品价格高于某某牌（世界名牌）的依据又是什么？"

这些问题使日方代表非常吃惊，他们不便回答也无法回答。最重要的是他们明白自己报的价格高得过分了，所以只能自找台阶，把价格大幅度地降了下来。

运用这种方法来拒绝上述这种只顾自己利益，不顾对方死活而提出过分要求的谈判对手，确实是一副灵丹妙药。

用补偿性允诺巧拒绝

在谈判时，直接拒绝对方很有可能会失去合作伙伴，所以可以在拒绝对方的同时，给予一定补偿性承诺，这种承诺不是可以兑换的现金、货物等，而是某种未来可以做到的补偿，比如提供某些信息、某种服务或产品售后的保险条款等，然后再加上解释一番不能为的苦衷，相信就可以留住合作机会，也可以巧妙拒绝对方的要求。

以条件减弱对方要求

如果直接拒绝谈判的对方，必然会恶化双方的关系，所以可以在拒绝对方前，先要求对方满足你的条件，这也是一种减弱对方要求的办法。

钱钟是某公司主管，一名求职者在提出薪资条件时，希望年薪四万。而钱钟最多只能给他三万，所以钱钟对求职者说："其实给你的薪水是非常合理的，不管怎么说，在你所应聘的职位等级中，我也只能付给你两万五到三万，如果在入职后能够看到你的能力，倒可以给你所要求的薪资。现在我只看到了你简历中的能力和表现的能力，那薪水你想要多少？"求职者很明显会说要三万，钱钟好像不同意地说："两万七如何？"求职者因为争高薪，也逐渐将年薪四万的期望遗忘了，最后因为求职者的坚持，钱钟才"勉为其难"答应给对方三万年薪。

钱钟就是用这种条件减弱的方式，让求职者放弃了争取四万年薪的机会。如果对方能满足，你也可以满足对方的要求；如对方不能满足，那你也无法满足对方的要求，可以起到减弱对方要求的效果。

不说理由直接拒绝

这种拒绝方法比较直接，比较适用于谈判老手，在恰当的时机不说理由直接拒绝，让对方没有再次提出同样要求的机会。

苏联前外长葛罗米柯是精通谈判之道的老手。他在对手准备了无可辩驳的理由时，或者无法在理论上与对手一争高低时，再或者不具备摆脱对方的条件时，他的看家本领是不说明任何理由，光说一个"不"字。

美国国务卿万斯早就领教过葛罗米柯的"不"战术。1979 年，他在维也纳同葛罗米柯谈判时，出于好奇在谈判中记录了葛罗米柯说"不"的次数，一次谈判下来竟然有 12 次之多。平心而论，葛罗米柯之所以历经四位苏联领导人的变换而不倒，先后同九位美国总统谈判而不败，这种不说明理由的"不"战术，是他的重要法宝之一。

间接拒绝法

在谈判中，当你不好正面拒绝对方，或者对方坚决不肯降低要求或条件时，你干脆不直接加以拒绝，相反全盘接受。然后根据对方的要求或条件推出一些荒谬的、不现实的结论来，从而加以否定。这种间接拒绝的方法，往往能产生意想不到的效果。

谈判中的一些常用技巧

在谈判中要想获得最佳的结果，就需要掌握谈判的技巧，同时灵活地运用这些技巧，能为你的谈判带来你想要的结果。在这里为大家介绍一些谈判中常用的技巧。

鼓励战术

谈判的内容通常牵连甚广，不只是单纯的一项或两项。而当谈判内容包含多项主题时，可能有某些项目已谈出结果，某些项目却始终无法达成协议，这时谈判就会陷入僵局，想要顺利完成谈判，你可以鼓励对方说："看，许多问题都已解决，现在就剩这些了。如果不一并解决的话，那不就太可惜了吗？"这样给予对方和自己一些信心和鼓励，就能够打破僵局，将谈判进行下去。

这就是一种用来打开谈判僵局的说法，它看来虽稀松平常，实则却能发挥莫大的效用，所以值得作为谈判的利器，广泛地使用。

白脸黑脸战术

要用这个战术，谈判者就需要有两名，而且不可以一同出席第一回合的谈判，这里最先出场的可以做黑脸，让对方感觉自己很难缠，然后在陷入僵局时再让白脸进行缓解，从而达到目的。

亿万富翁休斯想购买大批飞机，他计划购买 34 架，而其中的 11 架，更是非到手不可。起先，休斯亲自出马与飞机制造厂商洽谈，但却怎么谈都谈不拢，最后搞得这位大富翁勃然大怒，拂袖而去。不过，休斯仍旧不死心，便找了一位代理人帮他出面继续谈判。休斯告诉代理人，只要能买到他最中意的那 11 架，他便满意了。而谈判的结果，这位代理人居然把 34 架飞机全部买到手。休斯十分佩服代理人的本事，便问他怎么做到的。代理人回答："很简单，每次谈判一陷入僵局，我便问他们'你们到底是希望和我谈呢？还是希望再请休斯本人出面来谈？'经我这么一问，对方只好乖乖地说'算了算了，一切就照你的意思办吧！'"

这样的战术，只能用在对方极欲从谈判中获得协议的场合中。当对方有意借着谈判寻求问题的解决时，是不会因对第一个谈判者的印象欠佳，而终止谈判的。所以，在谈判前，你必须先设法控制对方对谈判所抱持的态度，如果是可谈可不谈，那么白脸与黑脸战术便派不上用场了。

捉摸不透反而胜

谈判场上，双方都不能一开始就亮出自己的底牌。谁先揭了自己的老底，谁就输了。谈判是一场心理战，让对手捉摸不透自己的心思，才能在谈判场上占据优势地位，为己方争取最大的利益。

西楚霸王项羽想要杀掉刘邦，于是范增为他出了一个主意："大王可以等刘邦上朝时，问他愿不愿意到您给他的封地南郑那儿去，如果他表示同意，那么就说明他有意思要养精蓄锐，可说他有谋反叛乱之心，以此为借口将其绑出去杀了；如果他说他不愿意去，那么，您就更有直接的理由，说他违抗王命，也可以杀了他。"项羽一听，觉得果然是一个好计策。

待刘邦上朝后，项羽依计问道："寡人现在要封你到南郑去，你是否愿意？"问完就等刘邦回答，无论是肯定还是否定，他都可以如愿杀掉刘邦。但是让项羽没想到的是，刘邦竟然给出了第三种答案："在下是臣子，大王赐给在下吃的穿的住的，可以说，在下这条命是大王给的。在下就像是大王的坐骑，大王让我往前走我就往前走，让我停下来我就立刻停下来。所以，只要大王一句话，在下唯命是听。"项羽一看，这个回答实在是无懈可击，所以只能作罢，让刘邦又活着回去了。

刘邦的聪明之处在于，他没有直接给出项羽预期中想要的肯定或是否定的答案，而是进行迂回模糊的回答，让项羽可以体会到他的意思，但却抓不着实际的把柄。这种迂回式的策略和方法也常被运用于谈判中。

用幽默以退为攻

这种摆脱僵局的方法需要有清醒的头脑，同时要让对方在感受幽默的同时意识到自己过分之处，从而降低要求或同意自己的要求。

苏联与挪威就购买鲱鱼进行了马拉松式的持久谈判。挪威开价高得惊人，但是因为苏联人要吃鲜鱼，货主只能是他们，所以他们并不在乎僵局。

　　为了打破僵局，苏联政府派出杰出的女性谈判高手柯伦泰，结果她也在谈判中拖不起、让不起。为了谈判成功，于是这位女强人采取幽默法，以退为攻，她说："好吧，我同意贵方的报价，如果我的政府不同意这个高价，我愿意用我自己的工资来支付，但是，请允许我分期付款，可能要我支付一辈子。"

　　对方从未碰到这样的谈判对手，堂堂的男士能把女士逼到这步田地吗？因此对方在忍不住一笑之际，终于同意把鲱鱼价格降下来，柯伦泰终于解决了前任谈判者未能解决的难题。

戴高帽巧激将

　　谈判中如果陷入僵局，可以先给予对方很高的评价，给对方戴上高帽，然后将心比心，当对方感觉到你的观点现实之后，再使用激将的方法，让对方达成协议，毕竟对方高帽的面子是需要维持的。

ZHANG KOU BI YING

　　1986 年，广东玻璃厂在与美国欧文斯玻璃公司谈判引进设备过程中，在全部引进还是部分引进问题上僵住了。为了缓和气氛，广东代表施展了一系列扭转策略后说："你们欧文斯的技术、设备和工程师都是世界一流的。用一流的技术、设备与我们合作，我们就能够成为全国第一，这不仅对我们有利，而且对你们更有利！我们厂的外汇的确很有限，不能买太多的东西，所以国内能生产的就不打算进口了。现在，你们知道，法国、比利时和日本都在跟我们中国的厂家搞合作，如果你们不尽快跟我们达成协议，不投入最先进的设备、技术，那么你们就要失掉中国市场，人家也会笑话你欧文斯公司无能！"这样一来，濒临僵局的谈判气氛立刻缓解，最后，双方达成了协议。

总之，打破僵局需要运用一定的策略，用策略去打破僵局，不但有利于谈判的顺利进行，而且还可能取得谈判的主动权，为取得有利的谈判成果夺得先机。

第**10**章

张口必赢

卓越的演讲口才，
让你脱颖而出

　　演讲是人类的一种社会活动，具有综合性、直观性、现实性和
艺术性。如今社会，演讲也是表现自我的一种方法，一个好的演讲
可以让人精神振奋，让人记住你，尤其是在职场上或者在一些活动中，
即兴演讲更是体现一个人的内涵和能力的好机会，口才的好坏决定
演讲的质量。

这样的开场白无人能拒

俗话说:"万事开头难。"在演讲时,五秒钟之内就要获得听众的注意力,对于初次演讲的人来说是很困难的。正如高尔基所说:"开头第一句是最困难的。它好像在音乐里给了全篇作品以基调,往往费很长时间才能找到它。"

有经验的演讲家常说:"一篇演讲最好的结构是有着优美的开场白和使人深思的结尾,即豹头凤尾也。"所以,演讲的第一段话十分重要。再者,开场白务必简短,一两句话即可,迅速地吸引听众的注意力,但这就需要我们学会和掌握设置演讲开场话题的技巧,这些技巧能够帮助你在演讲中一语惊人,让听众关注你,帮助你做一个好的演讲者。

巧设悬念引好奇

人们都有好奇心,对于未知的东西有一个探索求知的冲动,这是人的一种本性。演讲中,我们可以利用人们的好奇心来吸引听众的注意力。

有一位地理教授给大学生演讲,一开始场面乱哄哄的。教授并没生气,他从衣袋里摸出了一块黑乎乎的石头举起来说道:"请同学们注意看,这是一块非常珍贵的石头,在我国只有我才有这么一块。"同学们顿时静了下来,被这块并不起眼的石头吸引了,大家都在暗自发问:"这是一块什么石头?如此稀有?"他面对静下来的同学和那一双双充满好奇的眼睛，才开始了他关于南极探险的演讲。最后大家都知道了那块黑乎乎的石头是从南极探险带回来的。

这是悬念法，用一件或几件实物的展示来抓住听众的心理，勾起听众的好奇心，但必须注意的是这些实物必须与演讲的主题相关又非同寻常。

使用大胆的话语

在演讲时，我们可以运用简短的、大胆的语言来吸引听众的注意力，达到很好的演讲效果。

"昨天我险些脱掉裙子。"演讲课里一位年轻貌美的女士开场白这么说道，这时在场的听众惊呆了，随后竖起耳朵并催促她继续往下说。

"昨天当我正在厨房里做家务时，我那两个上小学的儿子在房间吵了起来，他们两兄弟吵得很凶，口出恶言。首先弟弟说：'你这个大笨蛋，妈妈的肚脐是凹进去的，不是凸的。'接着老大也不甘示弱地反驳说：'妈妈的肚脐才不是凹的呢，她的肚脐是凸起来的。'弟弟：'你胡说，才不是呢！'大儿子说：'你才胡说！'我看情形不对了，马上跑出来说：'你们两个给我安静下来，我让你们看看妈妈的肚脐是凹的还是凸的。'于是我作势要脱下裙子。'啊，妈妈羞羞羞！'他们两个小鬼马上拿小食指画着小脸蛋羞我，我们三个人都笑了出来。"

演讲的主题"亲子关系"，在那位女士惊人的开场和幽默的话语中做了绝妙的诠释，她所使用的大胆的开场白无疑刺激了在场听众，引起了听众的期待。

引用名人名言

"名人名言"，意味着它在群众中有影响力，容易让人接受；也表示在名人论述那个问题上，其理论深度已达到相当水准，在这个基础上再阐述发展，定能吸引听众。

有一位演讲家在以事业成功为题作演讲时，先引用著名演讲家卡耐基的话说："世界上最好的奖品——荣耀与金钱，只赠予我们一件事，那就是创造力。什么是创造力呢？让我告诉你们，就是不需别人的指导，而能做出正确的事情，并获得成功。"

这样的开场白，紧扣演讲主题，又层层提问，造成悬疑，定能使听众急于想知道下文，而回答又言简意赅，发人深省，在这样的基础上，演讲者再列举大量生动的事例，从理论上展开"创造力"对事业成功的作用，如此一分析，当然会把听众的思绪引入你的谈话里。

自嘲幽默式开场

演讲者在开场白里，也可以提到自己，这同样是一种较快实现与听众心理沟通的方法。不过，说到自己时，不可与说到听众时用同一种赞美的口吻。相反，可以用揶揄的、自我解嘲的口吻，当然也不必过分，必须让人感到这种自我解嘲中的乐观情绪和幽默感。

胡适在一次演讲时这样开头："我今天不是来向诸君做报告的，我是来'胡说'的，因为我姓胡。"话音刚落，听众大笑。这个开场白既巧妙地介绍了自己，又体现了演讲者谦逊的修养，而且活跃了场上气氛，沟通了演讲者与听众的心理，一石三鸟，堪称一绝。

幽默式是以幽默诙谐的语言或事例作为演讲的开场白，它能使听众在轻松愉快之中很快进入演讲接受者的角色。但是在使用幽默式开场白时切忌使用低级庸俗的笑话或粗俗的语言。

利用观众的切身"利益"

自身利益是每个人都最关注的，首先将题材与听众的直接利益"挂钩"，在演讲时，如果以与听众直接相关的题材开始，就很能引起他们的注意。当你在演讲关于定期检查身体对健康的重要性时，可以这么说：

"你们知道按人寿保险的调查来看，你们还能够活多少年吗？据寿险统计学家说，你的寿命还剩下你现在的年龄与80岁之差的三分之二。譬如你现在35岁，那你现在的年龄和80的差数是45，那以你剩下的寿命为45的三分之二，也就是说你还能活30年……这样够吗？不够，我们都想要活得更久。可是这调查是根据几百万人的纪录而得的。那么，你我有超越这个数目的希望吗？有的，只要适当地留心就可以的，而这第一步就是要有一个详细的身体检查……"

然后，如果再详细述说为什么要定期检查身体，听众就会对定期检查身体重视起来。

以惊人的事实开始

在演讲的时候，演讲者一开口，就讲出让听众目瞪口呆的事例，马上就能抓住听众的注意力。

一位先生在讲"无线电的奇观"时，劈头第一句话就说："你们晓得吗，台北的一只苍蝇在玻璃上爬过的声音，由无线电传播到台湾南部，声音有多大？告诉你们，那声音有如尼亚加拉大瀑布的巨响！"观众的第一反应就是"这是真的吗？"马上就希望获得更为清楚的解释。

这种奇特新颖的话题能够迅速抓住听众的耳朵，让听众迫切地想知道更为详细的内容。又如，在演讲时可以使用一些更为具体的关于事实的数据，也能够让听众精神集中。

前费城乐观人俱乐部主席保罗·吉比斯先生在演讲"罪犯行为"时，开头就使用这样令人惊讶的句子："美国人是世界上最坏的罪犯。这句话虽极令人诧异，但的确是事实。俄亥俄州克利夫兰市的杀人犯人数竟比伦敦高 6 倍，盗窃犯按人口比例计，又比伦敦高 170 倍。克利夫兰每年被抢或被盗的人数比英格兰、苏格兰与威尔士三处被抢盗者的总数还多。纽约的凶杀案竟多于全法国，或全德国，或全意大利，或全英国，这种悲痛的事之所以发生，就是对罪犯不严加处罚的结果。"

这两个演讲的开端，列举的事例和所做的论断，虽都有些危言耸听，但只有如此，才能立刻让听众震惊，引起他们的好奇和关注，产生非听下去不可的欲望。而他们讲的又不是无中生有，而是千真万确的事实，只是更"有力量"的报告罢了。

制造强烈的反差

将要演讲的题目与其他事物或者相反事物来对比，以便在人心目中留下更为深刻的印记。主要使用对比、对照和映衬之类的修辞手法，来导入自己的话题。

有位演讲者的演讲题目是《论男子汉》，一开始，演讲者的话似乎颇有离题之嫌。他一口气就洋洋洒洒叙说了四个"困难"之处："我一点也不明白主办者的意图何在，这使我感到为难，这是我遇到的第一个困难；今天，我是第一次来到你们学校，一切都是陌生的，在一个陌生的环境里，人容易有一种不适应的感觉，这是我遇到的第二个困难；况且，刚才前面的几位同学又作了精彩的演讲，热烈的掌声可以作证，这给我增加了压力，算是我遇到的第三个困难：不巧得很，我本想凭手中这么一张卡片做一次演讲，却忘了戴眼镜了，想把它放在桌上偷偷地看几眼也不成了，这就是我的第四个困难……"

这开场白听起来颇有些饶舌的味道，岂料，那演讲者讲罢"第四个困难"之后，话锋突然一转，便进入自己早已拟定的题目了："但是，我并不胆怯，相反我充满了信心。我相信，既然我站到了这个讲台上来，我就必定能够鼓起勇气，竭尽全力，让自己体面地走下台去，因为，我选择了这样一个演讲题目——《论男子汉》！"

这样《论男子汉》特有的"勇气"，便同一开始的"胆怯"与"为难"形成鲜明对比和反差，巧妙、贴切而又风趣盎然，令人欣然接受。

巧问问题式

人们在回答问题之前的注意力是最集中的，为了回答好问题，人们会集中全部的注意力来听问题。开场就提出一个问题，会起到双重的效果，还会使听众思考，为什么要问这个问题。问题可以由听众回答，当然也可以自问自答，还可以不答，作为一个悬念留到演讲结束，只要能达到预期的目的就够了。

我们一起看一下著名作家李敖在北大的演讲：

各位终于看到我了，主任、校长、总裁、各位贵宾、各位老师、各位小朋友！来演讲紧不紧张？紧张的！站在大庭广众面前，很多人他可以指挥千军万马的军队，可是你让他讲几句话，他就"怂"了，不敢讲话。什么原因？胆小。美国打赢南北战争的将军格兰特，指挥千军万马打赢仗，林肯总统请他上台给他勋章，让他讲几句话，他讲不出口，为什么？怕这玩意，一讲演就紧张。

要注意的是，所提的问题要符合实际，符合客观规律，还要是与听众相关的问题，又能达到切入主题的效果。切忌问一些不符合现状或让听众反感的问题，也不能提一些非常幼稚低俗的问题，以免使开场效果适得其反。

开场白的方式多种多样，演讲者不应拘泥于某一种形式，而应充分利用自己的优势进行自我宣传。你还可以利用各种视觉和听觉辅助工具。

怎么说才能调动演讲氛围

ZHANG KOU BI YING

若要演讲达到预期的效果，不仅需要对听众进行语言刺激，还要对听众进行情绪的感染。调动演讲氛围是演讲成功的必要手段，当演讲者充满激情时，相信任何听众都会被之鼓舞，从而有所收获。

在演说中，唯有真情才能唤起听众的热诚回应，产生震撼人心的力量。演讲者只有激情是不够的，关键还要将这种感情抒发出来。那么演讲者的激情从何而来呢？

直抒胸臆提高激情

在演讲时，当感情浓烈到了一个内容的高潮时，演讲者可以采用一些排比、反问、感叹、重叠等语言手段来直抒胸臆，让压抑在胸中的感情一泄而出，同时提高听众的激情。

论述展现思想

演讲过程中，除了直抒胸臆之外，还可以采取融情于理的方法，把抒情与论述结合起来，使它们和谐统一，这样表达不但增强了语言的感情力量，也使叙事、议论都显得更加有生气。

有位大学生演讲时这样说："在生活中，有棱角的人常常会招来非议，但我认为，一个不被争议的人，是个近乎平庸的人。世界在非议中被认识，真理在非议中被确立。一个真正干事业的人，往往由于被激烈地争议，反而能更强烈地闪耀出心灵的光辉！"

这段论述受主观感情的支配，所以不需要交待论据，也不需要论证，它只是为了能够展现出演讲者的思想和情感，然后通过这些真挚的感情引起听众的共鸣。

得体肢体语言传递激情

虽然肢体语言是不能代替有声语言的，但它却是有声语言的一种重要的辅助成分。在演讲中通过用适度、得体的肢体语言辅助，可以使听众兴奋，引起感情的共鸣。

比如在激动时可以振臂高呼，在愤怒时可以横眉怒斥，兴奋时可以手舞足蹈，伤心时可以掩面而泣，这些肢体语言不但能够让演讲者更加契合氛围，也能够让听众感受到真挚的内心感情，从而体会到演讲者的思想和感情，无形中可以增强演讲的效果。

用真诚感化听众激情

演讲时如果能用真诚来感化听众，就能够让听众受到强烈的心灵震撼，从而爆发出内心的激情。

ZHANG KOU BI YING

有一位在美国独立战争中阵亡士兵的遗孀，蹒跚地走到林肯的律师事务所，泣诉某位政府行政官员克扣她的抚恤金，林肯听罢勃然大怒，决定立刻对那位行政官员提起诉讼。

开庭那天，林肯先追述爱国志士对民族的热情，描述了他们所经历的艰难困苦，然后林肯突然怒视着那位被告，大声疾呼："时代向前迈进，1776 年的英雄已经死去，他们被安顿在另一个世界。在座各位，那位士兵已经安逝长眠，而现在他那年老、衰危、又跛又盲、贫困无依的遗孀却来到你我的面前，请求为她求取公平，请求同情、帮助与人道的保护，我们这些享受革命先烈为我们争取到自由的人们是否应该援助她呢？"

林肯以真实的感情说出这番话时，不仅感动了在场的法官，也让陪审人员眼中含满了泪水，最终他们都认可了林肯的演讲，诉讼取得了彻底的胜利。

演讲时如何做到声情并茂

演讲者的首要目标是获取并把握听众的注意力，调动听众的情绪，使得你所演讲的内容被听众接受并记住。要实现这个目标，就要学会在演讲中描绘景象，还要用真情实感让你的演讲有激情。

让听众"看见"你的话

在演讲中要让听众能够身临其境地感受你的语言，那就需要在演讲时使用能造成图画般景象的字眼来达到这一效果。让人听起来轻松愉快的演讲者，无疑是能塑造景象于你眼前的高手。

卡耐基总结他的成功之道说："景象！景象！景象！它们如同呼吸空气一般，是免费的呀！把它们撒在演讲里，你就更能欢娱别人，也会更具影响力了。"

在演讲时，将你的视角转向一些明确但特殊的事物上，去描绘出心灵的图景，使它独立突出、显著而分明。例如说"一匹黑色的蒙古小马"是否比说"一匹马"逼真了许多？"一只白色、断了条腿的矮种公鸡"，难道不比光是"鸡"一个字给人更准确而鲜明的图像吗？

"我听说在国内有几百万的民众，他们艰难地过着日子，面目憔悴、营养不足，他们缺乏面粉来充饥。可是，在尼亚加拉地区，每小时却要无形中消耗相当于 25 万块面包价值的瀑布。我们可以想象，每小时有 60 万只鸡蛋越过了悬崖，变成了一块巨大的鸡蛋饼，跌落到飞流而下的瀑布中。如果从织机上织下来的白布，能够有400丈宽，它的价值也等于尼亚加拉瀑布所消耗的一样。我们还可以想象，有一家极大的百货公司，每天由意瑞河的下流，把公司里所有的货品全部抛落到160英尺的山涧中，这是一个多么巨大的消耗啊！对于这个无形的消耗，有人主张政府应拨出一笔款子来利用这一巨大的水力资源，可是想不到有人竟会强烈反对！"

这段演说词，景象鲜明，它用了很大的篇幅，用形象的景象来描写由于资源得不到利用，人民生活贫困，乃至许多人无钱来购买生活必需品的情况，把所说的问题描绘得历历在目。

要将抽象的东西说得形象，有一个常用的方法就是打比方。生动、形象性语言听众理解也比较快。所以说，一个会演说的人，他会使他说的影像浮映在听众的眼前。但是，在演讲中，你将景象描绘得再好，如果话语没有感情，不能调动听众的激情，只是笨拙地使用平淡无味的语言，结果还是会让听众昏昏欲睡。

该动情时就动情

演讲，顾名思义是"演"与"讲"的结合，演讲不仅需要对听众进行语言"刺激"，还要对听众进行情绪的感染。缺乏激情的演讲，是失败的演讲；缺乏激情的人，永远也不会成为演说家。

那么人的激情来自哪里呢？激情来自于演讲者的真情实感。激情植根于火热的现实生活，来源于坚定的信念。人的信念和世界观决定了人们感情的爱憎，演讲中的情感来源于这种信念并受其制约，演讲者要使自己的演讲具有充沛的、炽热的感情，就必须树立坚定的人生信念，否则演讲者的激情只是空中楼阁，毫无震撼力可言。

美国的麦克阿瑟将军不仅是一位叱咤风云的军事统帅，而且是一位富有激情的演讲家。他的几次著名演讲，都饱含激情，使听众热泪盈眶而又回味无穷。如他在52年军事生涯结束之际，1951年应邀在国会的联席会议上发表的《老兵不会死》的著名演讲中说道："我就要结束我52年的戎马生涯了……我孩童时期的全部希望和梦想都实现了……但我仍然记得那时军营中最流行的一首歌谣中的两句……"他饱含深情的演讲，博得了参议员和众议员们经久不息的雷鸣般的掌声，许多国会议员和在收音机、电视机前收听收看的听众与观众都热泪盈眶。

1962年，82岁高龄的麦克阿瑟将军回到他曾经学习和工作过的西点军校，面对学员发表了他最动人，也是最后一次的公开演讲。结束时他说道："我的生命已近黄昏……我昔日的风采和荣誉已经消失……我尽力但徒然地倾听着，渴望听到军号吹奏起床号时那微妙的迷人的旋律……我耳畔回响着，反复地回响着，责任、荣誉、国家……"麦克阿瑟这一席充满激情、感人肺腑的演讲，使在场的学员们为之动容而久久不能自控，他们想着"责任、荣誉、国家"这几个字的意义和力量。

麦克阿瑟将军利用了与听众情感上的共鸣，吸引了听众并取得演讲的成功。当然，演讲者只有激情是不够的，关键是如何才能恰到好处地将感情抒发出来，才能给听众以心灵的震撼。

1. 语意传情

一些演讲者在感情浓烈的演讲到了一个内容的高潮时，往往都会用一个相对独立的语段，以排比句、反问句、感叹句、重叠句等语言手段，直抒胸臆，让压抑在胸中的感情潮水一泻而出。

这种直抒胸臆的方式，给人的感觉酣畅淋漓，十分痛快。

除了直抒胸臆之外，还可以采取融情于理、融情于事、融情于景的方法，把抒情与写景、叙事、说理结合起来，使四者和谐统一。这样不但增强了语言的感情力量，也使叙事、议论都显得更加有生气。

2. 语调传情

演讲感染人的重要手段之一就是通过语调去流露真情。坚定的、犹豫的、兴奋的、悲伤的、渴望的、激昂的、颓废的等复杂的感情，都可以通过语音语调的高低快慢、抑扬顿挫表现出来。

3. 态势传情

态势是不能代替语言的，但它却是有声语言的一种重要的辅助成分。在演讲中通过用适度、得体的态势辅助语言，可以使听众产生兴奋，引起感情的共鸣。

演讲者的仪表、姿态、神情、动作，不但可以给听众以视觉形象，反映演讲者的修养气质，而且可以借助某些神态、动作的配合，直接表达某种思想感情，因此在演讲过程中要注意恰当地利用态势传情。

演讲如何收尾更精彩

ZHANG KOU BI YING

一场演讲就如同画龙，而收尾部分就是点睛之笔，能够给人以强烈的印象。戴尔·卡耐基说过"最后——也是最重要的"。演讲的结尾和演讲的开端一样，都是演讲中最关键之处。

结尾为什么这样重要？是因为结尾的话语可以使听众把整场演讲所表达的思想组织在一起，架筑整场演讲的结构，最后再抓住演讲的主旨和关键。

在什么时候结束演讲，要时时刻刻注意听众的情绪。当听众渴望你继续讲下去时，你多讲他们也不感到厌烦，似乎不会觉得时间的流逝，就是再多一点儿也无妨；而当听众一面在听一面在不断看表时，想必心思已飘到别处，那就应该选择一个适当的时机，赶紧就此打住。

在演讲中很多演讲者的结尾都不是很成功的。大多数人都是这样结尾的："以上是我对这件事所要说的，我的演讲到此结束。"这不是一个好的结尾，这样的结尾只会使听众感到乏味。还有一些演讲者把所要说的话都说完了，却不晓得如何结束，总是围绕一句话反复地说了许多遍，留给人们不好的印象。

要想使得演讲有一个圆满的结尾，那就要在演讲前事先准备好结语。细数历史上那些成功的演讲家如舒伯斯特、伯莱、孙中山等人，他们都会把演讲的结语写下来，并记清楚那些字句。初次演讲的人更应如此，清楚地写下该用怎样的语句做结语，并在演讲前把结语温习数遍。在每次温习时，措词可不必雷同，只要意思表达清楚就可以了。

由于一些不能预料的变化，以及现场听众的反应不一的原因，一篇演讲，在演讲之时往往会根据情况有很大的变更。所以事先预备两三种不同的结束语，让演讲者有选择的机会，将更完美。这就要求我们一定要掌握一些常用的技巧。

总结全篇

演讲者即使在三五分钟之内，也常常能讲出许多见解，涉及相关的一些事情。但有的人演讲结束，到底主要讲了几个问题，听众还是模糊不清，抓不到关键词句。所以，结尾简明扼要地对全篇进行一个总结，即使有些听众没有完全听你的演讲，也完全能够通过这个总结了解你演讲的大致内容，因为言简意赅的几句话，更能加深听众的印象。

卡耐基曾为演讲词结构拟定一个模式：开端——告诉听众，你将要谈什么问题；中间——详细谈这些问题；结尾——把所谈的问题简明地概括一下，做个总结。

抒情式结尾

满怀激情，以优美的语言直抒胸臆。这种结尾感情丰富，意境深远，具有强烈的感染力。抒情式结尾是一种常见的效果较好的结尾方式，但要注意克服"套话"，应多在内容上下功夫。只有内容与形式的统一，才能达到完美的境界。

ZHANG KOU BI YING

> 有位钢铁大王的助手在美国宾夕法尼亚州协会演讲中最后说："我们伟大的宾夕法尼亚州应该领导促进新时代的降临。宾夕法尼亚州是出产钢铁最多的区域，是世界最大铁路公司之母，是美国第三大农业州，再没有其他州比它更能带动全美经济发展的了。"

他最后的几句话使听众感到高兴、乐观，因而燃起他们的热情。但是这种结束方法若想有效，态度必须诚恳。若不够诚恳，不是发自内心，便将显得虚伪，听众便不会真心接受。

幽默的结尾

"当你说再见的时候，要使人们笑。"演讲的结尾也要做到如此，如果你有丰富的演讲材料，那么你就可以按照自己的方式去做一个幽默的、让听众记忆深刻的结尾。

> 有个教士，叫路易·乔治，他在为约翰·维斯雷重修坟墓的严肃仪式上，面对着众多公理会教徒发表的演讲，结尾引起了听众大笑，堪称一篇优美流利的结尾词："我很高兴你们愿动手来帮忙重修他的坟墓。他是应该受尊崇的。他是一位极度憎恶不整洁的人。我曾听他说过这样的话：'永远不要让任何人看见一个衣衫褴褛的公理会教徒。'正是因为他的努力，所以你们永远不会看见一个这样的人。（笑声）假如你们让他的坟墓残破不堪，那真的是故意和他作对了。你们还记得当他走过一间住宅时，一个小女孩跑到门口向他喊道'上帝保佑你，维斯雷先生！'，他是怎样回答的呢？他答道：'年轻的女孩，如果你的脸和围裙再干净点，你的祝福将更有价值。'（笑声）这便是他对于不整洁的厌恶感觉，不要让他的坟墓不整洁啊！假如他的灵魂经过此地，看见坟墓不整洁，将会比任何事更令他伤心。务必好好地看护它，这是一座值得纪念和尊崇的坟墓。这是你们的责任！"（欢呼）

借用名言或诗句

用被人们普遍认可和使用的名人名言或诗句结束演讲，将给整个演讲的论点一个强有力的证明，进一步深化了主题，并把演讲推向高潮。

> 在1993年首届国际大专辩论会，也就是有名的"狮城舌

战"上，复旦大学四辩蒋昌健在进行总结演讲时，就引用了顾城的名言，可以说是神来之笔，令无数听众拍手叫绝。

"只有认识人性本恶，才能调动一切社会教化的手段来扬善避恶。光阴荏苒，逝者如斯，在物质和科学技术突飞猛进的同时，而人类的精神家园可谓是花果飘零。在这个时候，我们要警惕，人性本恶这个基本的命题。可喜的是，在东方的大地上，我们说传统文化的发扬光大，已经从一阳来复开始走向了新的春天。我们也相信，通过传统文化的精华，必将使人类对无节制的欲望合理地扼制并加以引导，从他律走向自律，从执法走向立法。人类才可能挽狂澜于既倒，扶大厦于将倾。'黑夜给了我黑色的眼睛，而我却要用它来寻找光明！'"

如果你能引用适当的诗文名句来结尾，就既可使演讲优美、动听，又可获得所希望的气氛。

著名人士哈里·劳德先生的某篇演讲是如此结尾的："当你们回家之后，有些人会寄一张明信片来给我，就算你们不寄给我，我也要寄给你们每位一张，而且你们会很容易知道是我寄的，因为上面未贴邮票。（众笑）在上面，我要写一些字，是这样写着的：季节自己来，季节又自己去，你知道，世间一切都依时而凋谢，但有一件却永远像露水一般绽放鲜艳，那就是我对你们的仁慈和热爱。"

这段诗正适合他全篇演讲的旨意，用得非常恰当。

降升法

降升法是结束演讲最普遍的方法。不过这种方法不易运用，也不是所有的演讲者对一切的题材都可应用的。但若能用得适当，将非常有声势。这种方法是演讲最后的讲话，语气一句比一句重，一句比一句有力量。

著名演说家、美国前总统林肯在以尼亚加拉瀑布为题材的演讲稿中，就是用的降升法。他以哥伦布、耶稣、摩西、亚当等人所处的年代，与尼亚加拉瀑布一一相比，例证一个比一个有力量。

"这要推到无限的久远，当哥伦布最初发现这块大陆；当耶稣基督被钉在十字架上；当摩西率领以色列人渡过红海，啊，甚至亚当从救世主的手里出生，从那时到现在，尼亚加拉就在这里怒吼！一个古代巨人的眼睛像现今我们人的眼睛一样，曾看见过尼亚加拉。与第一代人种同时代，甚至比人类的第一个始祖还老，一万年前的尼亚加拉和现在是同样的'朝气蓬勃'。我们见到过那巨大骨骼的前世巨象、爬虫，它们也曾见过尼亚加拉——从那样久远的年代起，尼亚加拉从未静止，从未枯竭，从未睡去，从未休息。"

情感结束

充满感情地结束，最能打动听众的心，是一种非常完美的结尾。林肯第二次就职演讲的结尾非常美妙，感情充沛，扣人心弦。

我们热烈地希望，诚恳地祈求，这大战的祸患能够迅速地落幕，不过假如上帝的旨意仍旧要它继续下去，直到奴隶们250年来辛苦累积下的财产都化为乌有，并直到已受过鞭打的血肉需再挨一次刀枪的伤残，那么我们依旧应当说："上帝的审判完全是真诚的、公正的。"对任何人都不要怨恨，对所有的人都给予慈爱。让我们遵照上帝的旨意，坚决地主持正义，让我们继续努力完成我们的工作，收拾我们残破的国家，去照顾战死的烈士和他的孤儿寡妇——去做一切可达成我们彼此之间及各国之间永久和平的工作。

号召性结尾

这种结尾是用得最多的一种，它以发出号召收拢全篇，其优点是鼓动性强，能给听众极大的鼓舞和深刻的印象。

精妙的收尾既是收锁，又是高峰；既水到渠成，又戛然而止；既铿锵有力，又余音袅袅；既别开生面，不落俗套，又来得自然。所以，好的结尾可以让你的演讲更加生动形象，感召力更强。

此外，还有共勉式、展望式、誓愿式、赞美式、象征式等结束演讲的不同方式。只要善于思考，巧于构思，敢于创新，就能设计出"响如撞钟、清音有余"的演讲结尾来。

演讲中随机应变的艺术

在演讲的过程中，随时会出现各种意外的情况影响演讲的正常进行。对这一点，演讲者一定要有心理准备，做到处变不惊，应变自如，用这种方法使自己摆脱困境，避免尴尬的场面出现。

镇定自如应对混乱

在演讲时听众一般较多，很容易出现局面混乱的情况，这时演讲者一定不要慌乱，镇定自如地应付混乱场面，使用特殊的方式来吸引听众的注意力。

某大学举行爱护环境演讲比赛，由于接连出场的几位演讲者的演讲都很乏味，听众提不起兴致来，纷纷在台下交头接耳地议论，出现了听众离场的现象，一时间场面十分混乱。这时，一位演讲者走上台来，他先是向听众席鞠了个躬，然后走至麦克风前，大声说道："大家好！我是来自新闻学院的张涛，我演讲的题目是'爱护环境，人人有责'。"因为几位选手的开场白都很相似，没能引起听众的兴趣，台下依旧混乱不堪，可这位演讲者自我介绍过后，却闭口站在那里，面带微笑，出神地盯住台下的一位评委，一动不动。

听众们都不知道是怎么回事，纷纷停住嘴，去看那位评委，礼堂里安静下来了，演讲者这才收回目光，开始自己的演讲。

在演讲时，我们难免会面对混乱不堪的场面，这时，演讲者需要镇定自如，不能被混乱场面影响，同时采用一些独特的手段或者方式来引起听众注意，以达到让听众集中精神的目的。

话题相撞，巧妙转换

在演讲比赛中，常常会出现材料或者话题用语等雷同情况的出现。面对这种情况，正确的选择是立即做出变化，如果有人的题目与自己的相同，且又在自己前面发言，就应当使自己的观点略加变化，更加新颖。如果有人引用同样的名言或事例，或如前面提到相同的语句，就应尽快换一个或是舍弃不用，以避免雷同，影响听众对自己的看法。

ZHANG KOU BI YING

在一次以歌颂祖国大好河山为内容的演讲比赛中，王业演讲稿的开篇第一句话，引用了歌曲《大中国》中的一句"我们都有一个家，名字叫中国"。可是让王业没有想到的是，他前面的演讲者的开篇竟然用了同样的话。临时改词，又和下面的内容合不上，时间又短，一时难以想出什么别的词来，这可怎么办呢？王业忽然灵机一动，想出了对策，到他演讲时，他从容地走上台，说道："前面的那位同学刚才提到了一首歌，歌中唱道：'我们都有一个家，名字叫中国'……"然后很自然地把自己的内容接了下来，顺利地完成了比赛，取得了不错的成绩。

面对提问，对答如流

在演讲中，听众有时会向演讲者提出一些问题，有的提问是真心请教，但也有的提问是试探演讲者的水平，还有的提问是故意出难题，使演讲者难堪。面对各种情况，演讲者一要事先有所准备，对听众可能提出的问题做到心中有数；二是摸清提问者的意图和目的，答问才能有的放矢；三要干净利落，言简意赅，以含蓄深刻、精短有力的回答，体现演讲者非凡的智慧和应变能力。而对于那些借提问之机，对你进行攻击的人，应当予以坚决的回击，当然，回击也要讲究技巧。

一次，伟大的生物学家达尔文应邀做一篇关于《进化论》的报告。演讲刚刚结束，有一位漂亮的女士向达尔文提出疑问："照你的理论，人类是由猴子变来的，这理论用到你身上，还是很可信的，难道我也属于您的论断之列吗？""那当然了，"达尔文白了她一眼，回答道，"不过您不是由普通的猴子变来的，而是由长得非常漂亮的猴子变来的。"

巧妙应对忘词

演讲者有时会面对成百上千的听众，尤其是初次登台的新手，一看到台下的听众就开始冒汗，紧张是在所难免的。紧张造成的一个常见的结果就是忘词儿。这个时候，许多演讲者往往都是愣在那里，不知所措。其实，忘词儿是很正常的事情，许多成功的演说家也难免在台上忘词儿，关键是忘词儿以后该如何应对。

首先，不要太急，稳住心神，更不能有抓耳挠腮等有损风度的小动作，这个时候，更应该面带微笑。

其次，就是想办法把话顺下去，说得通俗一点儿就是往下"编词儿"。

根据经验，一般来说，忘了台词在台上很难想起来，所以只能另择词汇，顺着你的意思把它接下去，直到你记起下面的词来，当然，这需要很强的应变能力，尤其是能接得天衣无缝的人，并不是很多，多数演讲者临时现编的词，听众都会听出来的，但这总比呆呆地愣在台上要好许多。